KB122822

외줄 타는 莊子

장자 산문집

문 흥 원   지 음

도서출판
청어

외줄 타는 莊子

문흥원 지음

발행처   도서출판 **청어**
발행인   이영철
영업   이동호
홍보   천성래
기획   남기환
편집   방세화
디자인   이수빈 | 김영은
제작이사 공병한
인쇄   두리터

등록   1999년 5월 3일
         (제321-3210000251001999000063호)

1판 1쇄 발행 2023년 9월 10일

주소   서울특별시 서초구 남부순환로 364길 8-15 동일빌딩 2층
대표전화   02-586-0477
팩시밀리   0303-0942-0478
홈페이지   www.chungeobook.com
E-mail   ppi20@hanmail.net

ISBN   979-11-6855-179-4 (03150)

외줄 타는 莊子

장자 산문집

문흥원 지음

서문

세상의 모든 꽃이 저마다 아름답고 감동을 주는 이유는, 자신에게 몰입되어있기 때문이다. 그 순간에 눈부시게 집중한 탓이리라. 다른 꽃들을 부러워하거나 자신을 그들과 비교하는 일이 없기 때문이기도 하다. 『장자』를 처음 접했을 때 저러한 말을 염두에 뒀더라면 훨씬 풍부하고 의미 있는 만남이었을 것이다.

동서양 사상의 극명한 차이는 수직과 수평으로 보인다. 서양사상은 한마디로 절대자의 명령에 순명함으로 주종관계가 뚜렷하다고 할 수 있는 기독교 사상이 주류이다. 동양사상은 어떠한가, 사십여 년 넘게 필자가 읽고 메모해 둔 기록에 둔 자료의 근거로만 볼 때 수평에 가깝다고 보인다.

주무왕이 상나라를 정벌한 이후 주나라의 건국이념과 국가 운영의 근간이 담긴 『서경』을 비롯해 『시경』만 보더라도 주 왕실과 제후국들 사이에는 어떠한 긴장의 관계도 읽어 낼 수가 없다. 주 왕실의 붕괴로 인한 춘추시대에 접어들자 제자백가가 출현한다. 바야흐로 시의 시대에서 춘추, 즉 역사의 시대로 접어든다. '자신의 얘기 좀 들어보라!'는 외침이 대륙 곳곳에서 울려 퍼진다. 그중에 유독 공자가 창시한 유가

사상이 눈에 띈다. 이 당시 '네 이웃을 사랑하라.'고 외친 묵가사상과 유가사상에 반기反旗를 든 노장사상이 한 몫을 차지하고 있다. 훗날 한무제가 동중서의 건의로 국가 통치이념으로 자리를 잡게 된 유가사상, 어딘지 모르게 엄숙함과 목에 힘이 들어간 기득권 세력들의 헛기침 소리가 들려온 듯하다.

　노자와 장자를 읽어 나가면서 늘 필자의 마음을 흔들던 생각이다.
　말의 진실은 늘 거짓과 참의 중간에서 선택을 강요받는다. 드러냄과 감춤도 마찬가지이다. 겸손은 감춤에서 자라나고 최고의 순간에 자신의 존재감을 드러낸다. 그래서 '호랑이 무늬는 밖에 있고, 인간의 무늬는 안에 있다.'라는 말이 생겨났을지도 모른다. 유가의 드러냄과 도가의 감춤을 단적으로 나타낸 말이다. 노장사상을 따르던 자들은 유가사상에 대해서 '짚신에 구슬감기요, 돼지 발톱에 봉숭아 물들이기'라고까지 비아냥댔다. '적게 소유해서 가난한 것이 아니라, 더 많이 갖고자 하여 더 가난한 자가 속출하게 만든다.'고 설파하는 도가사상은 매력적이라 아니 할 수 없다. 천하의 세를 잘 아는 것이 최상이고, 행·불행이 다음이며, 시비는 최하이다. 세는 구도나 추세를, 행·불행은 국면이나 상황을, 시비는 도덕적 옳고 그름을 가르는 기준이다. 꽤 익숙한 말이다. 그래서 현실의 윤리적 가치를 최우선으로 하는 유가사상을 외면할 수만은 없다.

　이 책이 나오기까지에는, 계간 《하나로 선 사상과 문학》에 8년간 기획 연재했던 글을 크게 수정·보완하였다. 『외줄 타는 장자』 고전 부분은 40여 년 전부터 읽어왔던 고전 중 중요한 부분은 별도의 이면지에 꼼꼼히 기록해 두었던 자료를 활용했다. 이 글의 물꼬를 터주신 문학사의 박영률 주간님과 이 책 발간에 선뜻 나서주신 도서출판 '청어'의 이영철 소설가에게 감사드린다.

　좋은 벗은 달을 대하는 것과 같고/진기한 책 읽는 것은 꽃 보는 것과 같네. -득호우래여대월/유기서독승간화 得好友來如對月/有奇書讀勝看花

차례

01 어디에도 있거나 어디에도 없다?

몸은 낯선 행복보다 익숙한 불행을 더 좋아한다. 익숙함이야말로 인간사의 대표적 부정의다. 적응된 몸은 현재 삶의 방식이자 양식이다.

누구나 대하소설을 쓸 수 없다. 몰입할, 헌신할, 절절히 추구하려는 대상을 찾는 데 실패하면 손쉬운 대상이 그 공허를 대리만족시켜 준다.

연옹지치吮癰舐痔, 무려 40여 년 전에 직장의 상사로부터 들은 사자성어다. 극도의 아부와 아첨을 일컫는다는 설명이었다. 그도 그럴 것이 등창을 빨아주고 치질을 혀로 핥을 정도면 보통 사람의 상식으로는 이해가 되지 않는 일이다. 어떤 기록에는 연옹자를 파옹궤자破癰潰者로 써 놓았다. 이 말의 원문을 찾기 위해 한참을 헤맨 끝에 『장자』의 잡편 〈열어구列御寇篇〉에 이 문장이 실려 있음을 알게 되었다. 장자에 빠져드는 계기가 되었다.

당시에는 H대 윤재○ 교수의 『학의 다리가 길다고 자르지 마라』는 장자에 관한 산문이 흔하게 읽히고 있었다. 그 책의 어디에도 이른바 연옹지치라에 관한 원문은 실려 있지 않았다.

한참 후에 알게 되었지만 『학의 다리가 길다고 자르지 마라』도 "부경수단 속지즉우 학경수장 단지즉비鳧脛雖短 續之則憂,鶴脛雖長 斷之則悲 즉, 물오리 다리가 짧다고 이으려 하면 어리석은 일이요, 학의 다리가 길다고 자르면 슬픈 일이 되는 것이다." 결국 연옹지치의 원문도 "연옹자 득거일승, 지치자 득거오승吮癰者 得車一乘, 舐痔者 得車五乘에서 유래된 연옹지치였음을 알게 되었다. 등창을 빨아주는 이에게는 수레 한 대를, 치질을 핥아주는 이에게는 수레 다섯 대가 주어졌다." 는 말이다.

장자의 첫걸음부터 잡편에 나온 말로 글을 시작하게 된 셈이다. 오천 자의 노자 『도덕경』에 비해 『장자』는 다소 많은 십만여 글자로 기록되었으나 오늘날은 육만오천 자로 읽히고 있다. 『한서』〈예문지〉에는 장자의 편수가 총 52편이었다고 전해지나, 우리가 접하게 되는 33편으로 줄어든 이유가 있다. AD 4세기 노장사상이 전성기를 맞았을 때 곽상郭象이란 자가 당시에 떠돌아다니던 여러 가지 사본들을 정리하여 줄인 것이다. 그는 또 이를 내편 7편, 외편 15편, 잡편 11편으로 나누었다.

장자는 본명이 장주莊周로 하남성 몽蒙 출신이다. BC 390~360년 사이에 나서 BC 300~270년 간에 졸하였으므로 맹자와 비슷한 시기의 인물이다.

33년 연하인 양귀비-양옥환梁玉環-와 염문을 뿌린 당현종은 장자를 좋아한 나머지 장자를 남화진인南華眞人이라 칭하고 저서 『장자』를 『남화진경南華眞經』이라 고쳐 불렀다. 장자는 서양사상사에도 지대한 영향을 끼쳐서 우리에게 『나와 너ich und du』라는 저서로 널리 알려진 독일의 사회철학자 마르틴 부버Martin Buber가 장자 일부를 독일어로 번역했다. 실존주의 철학의 거장 하이데거도 장자를 매우 좋아했고, 노벨문학상을 수상한 헤르만 헤세도 『장자』를 읽고 '내가 아는 모든 중국사상 서적 중에서 가장 명료하고 매력 있는 책이다.'라고 했다. 재일교포로서 한국학 학자였던 故 김달진 선생이 번역한 『장자』 서문에 '걷잡을 수 없는 번역 의욕과 충동에 휘몰려 붓을 들었다.'고 밝히고 있다.

고전 들여다보기가 해석의 재해석을 통한 자기과시라는 말은 조금 지나친 말이다. 지금까지의 주석서에는 본문의 어려운 자구에 대한 종래의 주해注解를 다시 주해하고 가끔 자기의 견해를 덧붙이는 게 보통이다. 이렇게 사전적으로 고증하는 문헌학적 작업도 중요하지만, 『장자』가 오늘을 사는 우리에게 무슨 의미로 다가오는가 하는 실존적인 질문에 무관심할 수 없다는 말이기도 하다. 시사점과 우리 나름의 실존적 반응은 어떤 것이어야 할까 하는 점을 염두하면서 장자의 이야기에 조용히 귀를 기울여 본다.

필자는, 고전 읽기란 자신의 발끝만을 바라보며 한 걸음 한 걸음 사상의 물줄기를 찾아가는 기나긴 여정이라고 생각한다. 일 년 반 동안 『노자』를 더트고 난 뒤에 에센스만을 모아놓으니 삼백오십 쪽가량 되는 책 한 권 분량의 볼거리가 나왔다. 출간을 고민하던 즈음에 끝없이 나를 설레게 했던 장자와 함께 하기로 했다. 당시 주류 세력으로 자리 매김하던 유가儒家사상에 장자는 노자의 유산을 붙잡고 외롭게 줄을 타고 있다는 생각도 앞섰다.

노자老子 당시에는 갑골이나 죽간竹竿에 문자를 새겼던 탓에 문장이 매우 짧게 기록되어 전해졌다. 사람들의 편의에 의해 기록된 것이다. 거기에 비하면 장자는 후일 한나라의 채륜蔡倫(?~121)이란 자가 종이를 발명하기 이전이었음에도 무려 육만오천 자가 전해지게 된 이유는 그만큼 죽간에 글을 새기는 인력수급이 원활했음을 의미한다.

『장자』는 기본적으로 우리에게 문자적 진리를 안겨다 주는 것이 아니라 '상징들'을 통해 우리 스스로 깨닫게 한다. 상징은 달을 가리키는 손가락처럼 그 자체를 넘어서는 어떤 것으로 우리의 시선을 돌리게 해준다. 상징을 문자로 읽으면, 그 환기적喚起的 기능, 영어의 evocative 기능이 죽어 버리고 싸늘한 문장만 남게 된다. 기발한 상상력, 박력 있는 표현, 자유분방한 해학이나 풍자와 상징을 통해 우리에게 우주와 인생의 깊은 뜻을 일깨워 준다.

앞부분의 내편內篇을 지나고 나면 환한 길이 보일 것이다. 글을 쓰기에 앞서 필자는 원칙을 세웠다. 가급적이면 주해서를 멀리하고 원문만 가지고 음미하며 장자가 이 시대에 무엇을 말하려 하는지 그 깊은 지혜의 샘물을 퍼 올리기로 했다. 다시금 팔만여 자의 『강희 대자전』을 옆에 두고 원문 한 자 한 자에 혼신의 열정을 쏟기로 했다.

어느 문학인 행사에 가더라도 말할 기회가 있으면 늘 하는 말이 있다. 연암 박지원朴趾源의 말로 "구사자 비진야求似者 非眞也 즉, 비슷한 것은 가짜다."라는 말과 "문필필하文必筆下라 하더라도 의재필선意在筆先하라"고, 아무리 문장이 붓끝에서 비롯되어진다고 하더라도 반드시 붓을 들기 전에 뜻을 먼저 세우라는 말이다. 이제 어디에도 있고 어디에도 없는 외줄 타는 장자를 건너다볼 일을 생각하니 마음이 설렌다.

02 진리는 웃음거리가 되기 쉽다?

『장자』 내편 처음 내용은 〈소요유逍遙遊篇〉으로 열 개의 절로 이루어졌다. 말 그대로 여유를 가지고 노닌다는 뜻이다. 소요유에는 대붕大鵬의 비상飛翔, 하늘이 푸른 이유, 큰 앎과 작은 앎, 큰 것과 작은 것의 차이, 지인至人, 신인神人, 성인은 누구인가? 성인 허유許由, 막고야산의 신인, 송나라를 지나던 나그네, 무용지용과 유용지용有用之用에 대해서 말하고 있다.

막상 1절 전체를 들여다보면 나我라는 주체는 없다. 오직 건너다보이는 객체들만 눈앞에서 분주하다. 가장 먼저 곤鯤과 붕鵬이라는 상상의 동물이 등장한다. 이 곤鯤은 그 길이가 얼마인지 알 수 없을 정도로 큰 물고기로 등장하거나 어느 순간 어마어마한 크기의 붕새鵬가 되어 구만리 하늘을 날고 있다.

이는 변화의 가능성을 실험한 사람을 나타내기도 하고, 변화와 변혁을 이룬 사람이 경험할 수 있는 초월을 상징한다. "곤대지 화이위조…

노이비 기익약중천지운… 남명자 천지야鯤之大 化而爲鳥… 努而飛 其翼若重天之雲… 南冥者 天池也." 거대한 물고기나 붕새도 본래 알에서 출발한다. 우리 모두는 씨알을 품고 있다. 우리 속에 무한한 가능성을 자각하고 현실화 하는 일이 중요하다. 주목할 일은 물이 깊지 않으면 큰 배를 띄울 수 없듯이 바람이 불지 않으면 큰 날개를 띄울 힘이 없다는 데 있다. 이 붕鵬에게 필요한 것은 바람이다.

여기에서의 바람은 신바람이라고 할 때처럼 우리 속에 움직이는 생기生氣같은 것을 의미한다. 히랍어의 '프뉴마', 히브리어의 '루악', 산스크리트어의 '아트만', 한문의 '기氣', 여기의 기氣자를 쓸 때, 오늘날에는 쌀이 중요한 탓에 쌀 미米를 쓰지만, 고대에는 氣를 기旡 밑에 화灬를 붙여 불의 중요성을 나타냈다. 히브리어의 '루악'은 태초에 혼돈 위에 좌정하신 하나님이 마치 알을 품고 있는 새와 같이 만물에게 생명의 기운을 나누어 주셨다는 뜻이다. 헬라어의 '프뉴마'는 하나님이 손수 흙으로 사람의 모양을 빚어 코에다 후욱~ 불어넣은 이 바람-생명의 기운-이다. 그리하여 비로소 사람은 생령-조에zoe-이 되었다는 뜻이다.

〈소요유편〉 2절에 나오는 말이다. "소지불급대지 소년불급대년小知不及大知 小年不及大年이라 는 구절이다. 조금 아는 것으로 많이 아는 것을 헤아릴 수 없고, 짧은 삶으로 긴 삶을 헤아릴 수 없다."는 뜻이다. 아침에 잠깐 고개를 내밀었다가 이내 시드는 버섯은 저녁과 새벽을 알 수 없다. 여름 한 철을 사는 쓰르라미가 어찌 봄과 가을을 알 수 있겠는가. 장자가 1절에서 4절까지 줄곧 하고 싶은 이야기는 간단하다. '인간의 조건'으로 숙명처럼 뒤집어쓰고 다니던 실존적 한계의 껍질을 완전히 벗고 훌훌 날아다닐 수 있게 된 사람들의 초월적 삶은 현실주의자들에게는 이해가 불가능하다는 것이다.

그럼에도 노자는 그의 『도덕경』 제41장에 이렇게 말하고 있다. "상사문도 근이행지, 중사문도 약존약망, 하사문도 대소지上士聞道 勤而行之 中士聞道 若存若忘 下士聞道 大笑之라고, 즉 뛰어난 사람은 도를 들으면 힘써 행하고, 어중간한 사람은 이런가 저런가를 망설이고, 못난 사람은 몹시 비웃는다."는 말이다. 기독교의 초석을 놓은 사도 바울도 복음을 속세의 지혜로 보면 하나님의 도道는 '거리끼는 것' '미련한 것'으로 보일 뿐이라고, 고린도 교인들에게 보낸 편지의 서두에 밝히고 있다. 극도로 엄청난 진리는 역설적이어서 명석하다고 자부하는 자들에게는 웃음거리가 될 수밖에 없다.

영어성경 요한복음에 나오는 '나는 길이요 진리요 생명이니…'에서의 길(way) 진리(truth) 생명(life) 단어 앞에 정관사 the가 붙는다.
히랍어 원문에는 '에고 에이미 에 오토스 카이, 에 아레테이아 카이, 에 조에 오우데이스ego eimi ἡ otos kai, ἡ aretheia kai ἡ zoe outheis…'라고 기록되어 있다. 여기에서의 에ἡ는 '세상에서 유일무이한'의 뜻이다. 세속에서 어리석고 거리끼는 것으로 여기는 진리는 세상에서 오직 하나이다. 즉 그리스도 예수이다. 그래서 참된 진리는 세속의 기준으로 보면 웃음거리가 될 수밖에 없다. 그렇다면 우리들은 노자가 말한 도道를 듣는 자세가 어찌해야 할까, 하사문도 대소지해야 할까, 중사문도 약존약망해야 할까….

"가까운 숲에 놀러 가는 사람은 세끼 먹을 것만 가지고 가도 돌아올 때까지 배고픈 줄 모르지만, 백 리 길을 가는 사람은 하룻밤 지낼 양식을 준비해야 한다. 나아가 천 리 길을 가는 사람은 석 달 먹을 양식을 준비해야 한다. 적망창자 삼식이반, 적백리자 숙춘량, 적천리자 삼월취량適莽蒼者 三食而飯, 適百里者 宿春糧,適千里者 三月聚糧." 5절에 나오는 말이다. 당연한 말 같지만 이렇게 처신하지 않는 사람들이 비일비재한 오늘날이다. 함께하지 못하는 자와 무전취식을 일삼는 자, 소위 말하는 갑의 횡포가 교묘하게 횡행하는 세태이다. 본분을 지켜야 할 때이다.

"뱁새(초료鷦鷯)는 깊은 숲속에 둥지를 트는 데 가지 하나만 있으면 되고, 두더지(언서偃鼠)가 시내에서 물을 마시는 데에는 그 작은 배를 채울만한 물만 있으면 된다. 초료소어 심림불과일지, 언서음하 불과만복鷦鷯巢於 深林不過一枝, 偃鼠飲河 不過滿."라고 8절에 쓰고 있다.

이 글은 요堯임금이 당시 현자였던 허유許由에게 '제발 왕위를 받아주시죠.'라고 간청하자 허유가 일언지하에 거절한 내용이다. 자신은 최소한의 조건에 만족하며 살겠다는 뜻이다. 일설에 의하면 이 말을 들은 허유는 기산영수箕山潁水에 들어가 귀를 씻었다는 일화가 있다. 마치 동방의 인도 인더스강까지 침략한 알렉산더 대제가 히랍의 현인 디오게네스를 찾아가 '소원이 무엇이냐?'고 했을 때, 통나무에서 막 나온 디오게네스가 그를 향해 '나는 당장 햇볕이 필요하네. 좀 비켜주시게~'라고 했던 광경과 흡사하다.

우리들이 선망하는 부귀영화, 입신공명도 따지고 보면 자기만족을 모르는 이들에게 찾아오는 신기루일지도 모른다. 더욱이 영생을 소유한 사람들에게는 속세의 것으로 진리를 결코 재단裁斷할 수 없다는 점이다. 굳이 세속적으로 한마디 한다면 '공수신퇴천지도功遂身退天之道' 즉 공을 이루었으면 물러나는 것이 하늘의 길이라는 말을 노자는 그의 『도덕경』 제9장에 말하고 있다. 이 시대에 진정한 진리를 소유한 자들에게는 거기에 걸맞은 과유불급의 처신으로 세상에 평화를 전파해야 하는 책무가 있다. 거기에 펜을 쥐고 있는 문인들이라면 더욱 그렇다.

03 모든 시비는 마음에서?

『장자』 내편 두 번째 〈제물론편齊物論篇〉이다. 이 편은 많은 주석가가 중국 철학사의 최고봉이라 여길 만큼 유명하다. 우리나라에도 많이 알려진 중국철학사의 대가인 펑이유란馮友蘭(1895~1990)도 그의 저서 『중국철학사』에 한 패러그래프를 할애하여 장자의 곳곳을 소개하고 있는데, 유독 제물편에 대해서 많이 기술하고 있다.

〈제물론편〉의 주제는 한마디로 우리들의 상식적, 분석적, 이분법적인 사고의 틀에서 벗어나서 더 높은 차원에서 사물의 진상을 전체적으로 볼 수 있는 예지와 직관과 통찰을 체득해야 한다는 것이다. 그러기 위해서는 사물에 대한 여러 이론들을 고르게 해야 한다는 것으로 either/or에서 both/and로 보아야 한다는 점을 강조한다.

제일, 제동, 여일齊一, 제동齊同, 如一의 세계, 양극의 조화가 이루어진 세계에서 사물을 보는 것이 곧 제물齊物이다. 프랑스 철학자 데카르트가 'Cogito ergo sum-나는 생각한다 고로 나는 존재한다.'고 말하고 있을 때, 장자는 'Obliviscor er go sum-나는 잊었다 고로 나는 존재한다.'고 콧구멍을 후비며 말하고 있다.

일상의 이분법적인 고정관념을 버릴 때 진정한 나, 온전하게 된 내가 새롭게 태어난다.

희로애락, 여탄변집慮歎變執, 요질계태姚佚啓態-요사함과 분방함과 솔직함과 꾸밈-는 마음의 변화에서 비롯된다. 이것은 인간이라는 퉁소?에서 나오는 갖가지의 노랫소리이다. 즉 일상적인 우리네 마음이다. 이것을 누가 다스릴까?

"이러한 마음의 변화를 주관하는 '참주인- 진재眞宰'이 분명 있는데, 그 흔적을 잡을 수가 없네, 참주인이 작용하는 것은 믿을만한데 그 모습을 볼 수가 없어, 실체는 있는데 모양은 없다. -약유진재 이특부득기짐 가행기신이불견 기형유정이무형 若有眞宰 而特不得已朕 可行己信而不見 其形有精而無形." 말한다. 우리 속에 일어나는 여러 가지 지적 활동과 감상적 작용을 하는 참주인!

노자는 그의 『도덕경』 제14장에 '보아도 보이지 않는 것이 이夷, 들어도 들리지 않는 것이 희希, 잡아도 잡히지 않는 것이 미微'라 하여 신비에 둘러싸여 있어서 영원히 볼 수 없는 것이라고 한다. 물론 노자의 영향을 받았던 장자로서는 볼 수 없었다고 고백하는 참주인을 기다리는 심정으로 다시 말하고 있다. 제물론 제7절에 "일수기성형 불망이특진…기행진물치 이막지능지 一受其成形 不亡而待盡…其行盡物馳 而莫之能止. 일단 온전한 몸을 받았으면 저절로 쇠진할 때까지 기다리라."는 말이다. 우리네 몸은 일부러 해치지 않더라도 달리는 말처럼 걷잡을 수 없이 지나가 버리고 마는 것을 말하고 있는지도 모른다.

장자는 그의 잡편에 '인생천지지간 약백마지과극人生天地之間 若白馬之過隙'이라고 밝히고 있다. 하늘과 땅사이에 인생은 흰 말이 창틈 사이를 지나는 것과 같다는 말이다. 물론 그 몸의 일부가 참주인일 수 없다는 점은 분명하다.

나아가 옳고 그름을 따지는 결과에 대해서 장자는 말한다. "옳고 그름을 따지면 도가 허물어진다. 도가 허물어지면 욕망이 생긴다. 시비지창야 도지소이휴야 애지소이성是非之彰也 道之所以虧也 愛之所以成."고 14절에서 밝히고 있다. 욕망을 애愛로 보는 관점은 하나님의 사랑인 아가페적인 애愛와는 지극히 거리가 멀다고 할 수 있겠다.

장자가 살았던 춘추시대 말에서 전국시대 초기까지 이상적인 인간이 도달한 세 가지 경지를 장자는 이렇게 말하고 있다.
첫째, 모든 분별이 사라지고 존재와 비존재의 구분마저 없어져 버리는, 다른 수단으로 표현할 도리가 없는 궁극적 경지 무無-Non-being-, 태초의 태초-ad infinitium-의 경지이다.
둘째, 사물 자체는 존재하나 거기에 경계가 생기지 않는 경지 유有-being-itself-의 경지이다.
셋째, 사물이 개체로 분화해서 구분이 있으나 아직 옳고 그름을 가리지 않는 경지라고 보았다.

노자, 그의 『도덕경』 제28장에 '다듬지 않는 통나무를 쪼개면 그릇이 된다. 박산즉위기樸散則爲器.'라고 셋째의 경지를 밝히고 있다. 즉 개체로 분화했을 때 구분이 있을 수 있겠으나 아직 옳고 그름을 가리지 않는 것을 일컬어 '연然'이라 했다. 대립하고 얽히는 세계는 연然이 분화될 때 나타난다고 장자는 한술 더 떠 말한다.

소위 동서 문명의 충돌이라는 표현이나, 오늘날 무슬림 극단주의를 표방하고 나선 IS의 문제도 연然이 분화해서 일어나는 현상이라고 할 수 있다. IS가 내세운 기치는 중세 칼리프 시대로 돌아가 진정한 신정 일치의 무슬림 세계를 구축하겠다는 것이지만 속내는 자신들의 이권과 욕망을 채우려는 형이하학적인 의지를 실현하기 위해 극악한 자행을 서슴지 않는 것일 수도 있다.

그래서 성인은 '나누지 않고 그칠 줄 안다. 성인이불할지지聖人而不割知止.'라고 하겠다. 남성다움과 여성다움, 흑백, 영욕 등을 함께 껴안을 때 갓난아기의 상태, 무극의 상태, 통나무樸의 상태가 된다. 나아가 장자는 이것저것을 분별하는 시비를 넘어 모든 것을 포용하는 보편적 용庸에 안주해야 한다고 강조하면서 이것을 일러 '밝음明'이라 했다.

그가 말하는 Non-being의 경지 '그대로 그러하다.' 즉 인시因是로 받아들이고 절대로 커서 밖이 없고 절대로 작아서 그 안이 없다는 것이다. 그의 외편 〈천하편天下篇〉 열 가지 역설 중 그 세 번째를 함께 읽으며 글을 맺는다.

"천여지비산여택평天與之卑山與澤平 하늘도 땅과 같이 낮고 산도 늪과 같이 평평하다."
모든 시비는 마음에서 비롯된다. 마음의 참주인은 형체는 없으되 우

리를 지배한다. 마치 기독인들에게 내주하신 성령께서 우리의 발자국
을 인도하듯이, 장자는 참 주인의 존재는 알았으되 만나지 못한 것은
분명해 보인다.

04 진정한 자유자재란?

"멋진 삶을 살았노라 전해 주시오." 1951년 4월 29일 아침, 62세를 일기로 세상을 떠난 영국 철학자 비트겐슈타인이 마지막으로 남긴 말이다. 그는 오스트리아 태생으로, 서양철학사의 언어 부분에 대해 철저하게 분석했던 것으로 유명하다. 생전에 그는 "말할 수 없는 것에 대해서는 아무 말도 하지 말아야 한다."고 말했다.

동양철학에서 말하는 도道란, 마음에 간직하거나 체험으로 알아야지 논의의 대상으로 삼아 따지면 영원히 이해 불가한 절대 타자일 수밖에 없다. 노자의 『도덕경』 제56장에 '지자불언 언자부지知者不言 言者不知.'라고 까지 말한다. 진정으로 아는 자는 말이 없고, 알지 못하는 자들은 말한다는 뜻이다. 한 마디로 빈 수레가 요란하다는 말일 수 있겠다.

『장자』 내편 두 번째 〈제물론〉 23절에 재미있는 말이 나온다. "민식추환 미록식천 즉저감대 치아기서 사자숙지정미 民食芻豢 麋鹿食薦

蝍蛆甘帶 鴟鴉耆鼠 四者孰知正味. 사람들은 고기를 먹고 사슴은 풀을 먹고 지네는 뱀을 달게 먹고 올빼미는 쥐를 좋아해서 잘 먹지, 이 넷 중 어느 쪽이 맛을 제대로 안다고 할 수 있겠는가?"라고 말한다.

라틴말 속담에 '입맛은 변론할 것이 못 된다.'라는 말도 있긴 하다. 맛은 물론이려니와 자아관지自我觀之의 인식에는 분명한 한계가 있음을 암시한다. 그래서 장자는 '하늘에 비추어 보라照之於天.'고 일갈한다. 우리의 판단은 모두 각자의 처지에 따른 것이므로 자신의 견해를 절대화 할 수 없다는 것이다. 여기에서 권력자의 균형추錘가 중요하다.

법의 여신인 유스티티아는 '정의'라는 단어로 해석되는 'Justice'라는 단어를 낳게 한 정의의 여신이다. 그녀가 들고 있는 저울의 균형추는 '말할 수 없는 것은 여기에 올려놓으면 알 수 있다.'는 의미를 지닌다. 선악, 미추, 우열, 귀천貴賤 등은 상대적인 개념일 뿐이다. 임의적, 주관적 규범이지 결코 절대적인 그 무엇이 아니다.

플라톤의 『Apology 42』에는 소크라테스가 독배를 마시기 직전에 읊조린 말이 기록되어 있다. "이제 떠날 시간이 되었다. 우리는 각자 자신의 길을 간다. 나는 죽음의 길 너희들은 삶의 길, 어느 것이 더 좋은 것인가는 오직 신神만이 알고 있다." 어쩌면 인간은 정해진 길을 가는 순례자일 뿐임을 알게 된다. 순례자들의 마지막 행보는 흔히 죽음이란 말로 마무리한다. 그래서 인간은 죽음 앞에서는 두려움을 느끼면서도 이 땅에서의 삶을 성찰 없이 보내는 경우가 허다하다.

장자는 〈제물론〉 27절에 멋들어진 말을 하고 있다.

　"꿈에 술을 마시며 즐거워했던 사람이 아침에는 섭섭해서 운다. 꿈에 울며 슬퍼한 사람은 아침이 되면 즐거운 마음으로 사냥을 간다. 우리가 꿈을 꿀 때는 그것이 꿈인 줄 모른다. 몽음주자 단이곡읍 몽곡읍자 단이전렵 방기몽야 부지기몽야夢飲酒者 旦而哭泣 夢哭泣者 旦而田獵 方其夢也 不知其夢也" 인생살이가 꿈속에서 그것이 꿈인 줄 모르고 아옹다옹하면서 산다는 것이리라. 꿈인 줄 알면 각성의 삶을 꾸려 갈 것이 분명하다.

　〈제물론〉의 마지막 절인 32절에 장주莊周의 나비꿈 이야기가 나온다. 흔히 알려진 내용이다. "부지주지몽이호접여, 호접지몽위주여不知周之夢爲蝴蝶與, 蝴蝶之夢爲周與" 즉, 장자가 나비가 되는 꿈을 꾸었는지, 나비가 장자가 되는 꿈을 꾸었는지 알 수가 없다."는 말이다. 이 편을 통해 후대 장자의 주석가들은 장자를 일컬어 몽접주인夢蝶主人이라 불리게 되었다. 이 절에서 장자가 말하고자 하는 핵심은 물화物化이다. 제물편의 결어인 셈이다.

　상호 합일하고 상호 침투하는 세계, 상호 연관하고 의존하는 세계, 상호 연기co-arising하고 상호 존재inter-being하는 세계를 말하고 있다. 다시 말해 〈제물론齊物論〉의 마지막 절에 장자와 나비, 나비와 장자의 꿈 이야기를 빗대어 서로 넘나들어 존재하는, 한계를 뛰어넘으려는 자유자재自由自在, 즉 물화物化로 결론을 맺고 있다.

　유가사상가들의 막내 격인 순자荀子는 인본주의의 한계를 못 벗어난 말을 하고 있다. 도가와 유가의 차이라고도 할 수 있겠으나, 장자보다 한참 후에 설파한 사상이라고는 하지만 완고한 보수주의자의 정취를 풍긴다.

'쑥이 삼밭에서 자라면 누가 붙잡아 주지 않아도 곧게 자란다, 봉생마중 부부이직蓬生麻中 不扶而直.'이라고 말한다. 인본주의를 강하게 외치고 있다.

장자는 오상아吾喪我-나를 잃어버린 상태-에서 진정한 열림을 깨닫고 실천하게 된다고 말한다. 순자와 같은 세계에 갇혀 있을 때 아집, 편견, 단견, 오만, 즉 자기중심주의가 발현한다고 말한다. 이 땅에서 정해진 길을 가는 나그네인 우리가 진정한 자유자재를 누리기 위해서는 관용, 아량, 트임, 소통, 화합, 협력의 가치를 귀히 여기고 실천해야 한다. 그러기 위한 방편으로 장자는 나를 잃어버리라고 말한다.

즉, 오상아吾喪我의 마음 자세와 실천을 말한다. 불학에서 말하는 방하착放下着보다도 더한 실천을 강조하고 있다.

05 욕망을 뛰어넘은 다스림이란?

러시아 블라디보스토크 출신 미국 할리우드 스타 율 브리너 (1920~1985)는 1951년 뮤지컬 〈왕과 나〉에 출연하면서 일약 스타덤에 올랐다. 나중에 영화로 제작된 〈왕과 나〉를 통해, 1956년에는 미국 아카데미 남우주연상을 수상했다. 그는 평생을 하루에 네댓 갑의 담배를 피웠던 헤비스모커였다. 사망하기 아홉 달 전, 아침 방송인 Good morning america와의 인터뷰에서 금연 광고 방송을 하고 싶다는 뜻을 피력했다. 그의 뜻은 받아들여졌다. 그의 사후에 공익광고로 방영되었다. "이미 죽은 지금, 저는 호소합니다. 담배 피우지 마세요."

웬 장자를 말하면서 미국 배우의 공익광고 내용을 꺼내는가 할 것이다. 장자 내편內篇 7편 중 세 번째인 〈양생주편養生主篇〉의 첫머리에 "오생야유애 이지야무애, 이유애수무애 태이吾生也有涯 而知也无涯, 以有涯隨无涯 殆已."라고 나온다. 즉 "아는 것은 끝이 없다. 끝이 있는 것으로 끝이 없는 것을 추구할 수 없다." 〈양생주편〉의 총론이라 말할 수 있다.

이 편은 사람의 자유로운, 풍성한 삶이 어떤 것인지 구체적인 예를 들어 말하고 있다. 유한한 삶-욕망-으로, 무한한 앎-다스림-을 추구한다는 것은 불가능할 뿐 아니라, 위험하다는 것으로 문을 열고 있다. 괴테의 파우스트처럼 철학, 법학, 의학, 신학 등 인간이 알아야 할 모든 학문을 다 섭렵하고도 모자라 악마에게 자신의 혼을 팔아서라도 우주의 신비를 알아보겠다는 지식욕은 위험하다. 몇 년 전에는 EU의 재정위기를 맞아 이탈리아, 포르투갈은 한결같이 독일의 메르켈 총리를 바라보고 있었다. 유럽 언론들은 그녀를 일컬어 유로 총리Euro chancellor라 부르기도 했다. 그녀는 '머리로 벽을 들이받는다 해도 달라지는 것은 없다.'고 잘라 말했다. 정해진 기간 내에 할 수 없는 일은 어차피 할 수 없다는 말이리라.

인간은 생래적으로 알려고 하는 마음을 가지고 태어난다. 여기에서의 앎이니, 지식이니 하는 것들은 제2편 〈제물론〉에서 말한 이런저런 것을 끝없이 따지는 분별지分別智를 말한다. 이러한 분별지를 떠난 거침없는 삶이란 어떤 것일까를 들여다보자. 공자도 '인생 칠십에 종심소욕불유구從心所欲不踰矩.'라 하여 나이 칠십세가 되면 하고자 하는 바를 좇아 행동해도 법도를 넘지 않고 편안할 수 있었다는 경지를 말하고 있다.

『맹자』의 첫 머리에 나오는 양혜왕梁惠王과 같은 군주로 알려진 문혜군文惠君과 백정 포정庖丁의 이야기를 들여다보자.

"양포세경도 할야··· 금신지도 일십구년의··· 기어유도 필유여지의良 庖歲更刀 割也··· 今臣之刀 一十九年矣··· 其於遊刀 必有餘地矣. 유명한 요리사는 해마다 칼을 바꿉니다. 살을 가르기 때문입니다.··· 저는 19 년 동안 이 칼로 수많은 소를 잡았습니다.··· 소의 뼈마디에는 틈이 있 고 이 칼날에는 두께가 없습니다. 두께 없는 칼날이 틈이 있는 뼈마디 로 들어가니, 텅 빈 것처럼 넓어 칼이 마음대로 놀 수가 있는 여지가 생기는 것입니다."

여기에서 포庖는 부엌을 의미하고, 정丁은 그 사람의 성姓이거나 보 통사람을 의미한다. 인위적인 기교나 행동이 아니라, 리듬과 율동에 맞춰 물 흐름처럼 속에서 저절로 나오는 움직임 '벰이 없는 벰'의 이야 기다. 포정이 이 경지에 이르기까지 유한한 삶으로 무한의 앎을 추구 하고자 숱한 시행착오를 겪었음을 암시한다. 처음에는 그의 눈에 소 牛밖에 안 보였을 것이다. 그가 터득한 것은 해우술解牛術-欲-이 아니 라, 해우도解牛道-다스림-이였다. 술術을 버리고 도道를 따를 때 이러 한 경지에 오른 것이었다.

노자 『도덕경』 제48장에 "위학일익 위도일손爲學日益 爲道日損 즉, 학문은 하루하루 쌓아가는 것이요, 도는 하루하루 없애는 것이라."고 까지 말한다. 궁극적으로 유한한 삶을 살아가는 우리들이 궁극적으로 앎을 버림unknowing 혹은, 배운 것을 버림unlearning은 결국 직관 으로 실재의 세계를 꿰뚫어 볼 수 있음을 말한다. 마치 시인이 숲에서 나무를 보고 나무를 통해 숲의 연관관계를 연상하며 궁극적으로 나무 의 디테일을 꿰뚫어 보는 것과 흡사하다.

고대인들은 인간이 신, 정, 기神, 精,氣로 이루어졌다고 믿었다. 정신, 정기라는 말처럼 서로 어울린 정신작용을 말한다. 신선술에서는 정精이 성인의 활동력을 지탱해주는 기본적인 요인이고, 기氣는 건강하고 힘차게 살아가는 힘을, 신神은 신난다라고 할 때처럼 사람에게 활기와 흥을 돋워주는 힘이다.

포정은 소에 본래부터 있던 하늘의 결, 자연의 결을 따라 칼을 움직였을 뿐, 결코 뼈나 인대는 건드려 본 적이 없다는 것으로 도道에 이르는 신정기神精氣를 조화롭게 응용했다고 보아진다.

니코스 카잔쟈키스가 쓴 『그리스인 조르바』에 불학무식한 하인 조르바의 신나는 삶, 거침없는 삶에 감복한 상전上典이 결국 '춤을 가르쳐 달라'는 대목에서 막을 내리는 장면이 연상된다. 화가가 신혼의 두 남녀 간 사랑의 장면을 그릴 때, 침상의 모습을 생생하게 그릴 수도 있겠지만, 댓돌에 신발 두 켤레만 그려 놓을 수도 있다. 전자는 서술적 묘사, 후자는 암시적, 환기적evocative 묘사이다. 장자의 대부분 이야기는 후자이다.

선禪의 세계에서는 화두話頭나 공안公案-각자 얻은 것-을 붙잡고 스스로 씨름하며 점점 더 깨달음의 경지에 이르도록 한다.
장자의 〈양생주편養生主篇〉은 깨달음이란, 놓으라는 것으로 맺고 있다. 거기에 가장 적합한 말로 '해解'라는 글자에 방점으로 찍고 있다.

06 마음을 굶겨야 하는 이유는?

신자유주의가 우리 사회 전반에 횡행한 탓에 오늘날 몇몇 메이저 출판사를 제외하고는 출판업에 종사하는 일은 그리 녹록지 않아 보인다. 그들이 이윤을 추구하는 일은 흡사 우물가에서 숭늉을 구하는 것과 같은 일일지도 모른다. SNS 발달에 따른 별도의 오프라인상의 종이 전달 매체는 점차 그 위력을 상실해 가고 있다. 또한, 현재 출판되는 도서의 70%가량이 인간의 처세술과 설득에 관한 내용으로 채워지는 것을 보면, 오늘날의 사람살이가 그리 쉬운 일이 아니라는 점을 단적으로 증명하고 있다.

무려 2천 4백여 년 전에 기록인 『장자』에도 따로 〈인간세편人間世篇〉을 두어 말하고 있는 것으로 볼 때, 그 당시에도 처세는 어려운 일이었나 보다. 〈인간세편〉은 공자와 그의 가장 명민했던 제자 안회顔回와의 대화를 통해 사람이 어떻게 사회에 참여하여야 하는가를 말하고 있다.

특히, 수신과 제가齊家, 사회구성원으로서 어떠한 마음가짐으로 참여할 것인가 하는 문제를 기술하고 있음에 더욱 공감이 간다. 부연하자면 〈인간세〉란 우리의 구체적 삶의 정황에서 특히 복잡하고 비정한 사회·정치적 상황에서 어떻게 사는 것이 개인적으로 훌륭하게, 사회적으로 보람있게 사는 길인지를 보여준다. 특히, 이 편은 장자가 은둔주의나 도피주의를 주장하려는 것이 아니라, 적극적으로 사회·정치참여에 관심을 나타내고 있다는 것을 보여준다.

근대사의 선각자이셨던 육당 최남선이 1918년 《청춘》이라는 잡지 6월호에 「기인비관其人備官」이라는 글을 발표했다. 이 글 내용 중에 조선만고도목朝鮮萬古都目이라 하여 우리나라의 가장 이상적인 내각을 발표하였다. 총리대신 고구려 을파소乙巴素, 추밀원의장 단군조선 신지臣智, 궁내부대신 고려 이제현李齊賢, 외무대신 고려 서희徐熙, 내무대신 단군조선 팽오彭吳… 육군대신 고구려 을지문덕乙支文德, 해군대신 조선 이순신李舜臣… 개인적인 행장을 모르는 선조들도 있다. 그러나 이들은 5천 년 우리 역사의 갈피에 큰 족적을 남긴 위인임에는 틀림이 없다. 살신성인의 모범을 보여준 선조들이기에 길이 남게된 것이다.

"고지지인 선존제기 이후존제인古之至人 先存諸己 而後存諸人 옛 지인은 먼저 스스로 도를 굳힌 뒤에 남을 도왔다."는 말이다. 공자의 제자 안회는 '의원은 병든 곳으로 가야 한다.'는 가르침을 받았다. 이를 실천하기 위해 젊고 포악한 군주 밑에서 신음하는 위나라 백성들을 구하러 가겠노라고 공자께 말하자, 공자께서 위 말로 일갈하신 것이다. 물론 장자는 이들의 입을 빌려 말하고 있다.

안회의 갸륵한 마음을 알면서도 안회의 요청을 거절한 이유는, 근심 걱정이 있으면 남을 도울 수가 없다. 오히려 재인災人의 역할을 할 수 있다고 만류하고 있다. 아무리 애국애족이니 하는 대의명분을 내세워 무슨 일을 한다 하더라도 자기의 이기적 목적에서 나온 것인지, 아닌지를 냉정히 살피라는 말이다. 노자 『도덕경』 제24장에도 '자시자불창, 자견자불명自是者不彰 自見者不明'이라 하여 스스로를 시인하면 드러나지 못하고 스스로를 바라보면 밝지 않다고 했다. 『성경』 고린도전서 13장 3절에 '내가 내게 있는 모든 것으로 구제하고 또 내 몸을 불사르게 내어 줄지라도 사랑이 없으면 아무 유익이 없다.'고 했다. 여기서의 사랑은 지극한 희생이기도 하다.

"약일지 무청지이 이청지이심 이청지이기… 기야자 허이특물자야 若一志 無聽之耳 而聽之以心 而聽之以氣… 氣也者 虛而特物者也 먼저 마음을 하나로 모으라, 귀로 듣지 말고 마음으로 들으라 귀는 고작 소리를 들을 뿐이고…. 기氣는 텅 비어서 무엇이든 받아들이려 기다린다." 공자의 만류에도 안회는 위나라로 가겠다고 우긴다. 당대 최고의 스승 밑에서 수학한 안회가 내세운 것은 참신성, 도덕성, 진취성, 두뇌, 학연, 건강이었다. 무엇이 부족한지를 알려 달라고 공자께 말한다. 공자는 안회에게 '재齋하라'고 일러준다. 텅 빈 기로 사물을 대하면 그곳에 도가 들어오고 마음을 굶기는 것이 '심재心齋'이다. 마음을 굶기다는 것은 마음이 가난함을 말한다. 본 편의 '심재'와 2편의 '오상아五喪我', 6편의 '좌망坐忘'은 가장 중요한 장자의 핵심 사상이다. 우리의 욕심, 분별심, 이분법적 의식, 자기중심 의식을 버리고 빈 마음, 새로운 마음을 가지라는 뜻으로 읽힌다.

심재心齋를 하면 과거의 작은 나는 사라지고, 명예나 실리에 초연하게 된다. 이를 위해서는 고요에 머물러야 한다. 마음을 모으는 일이 기본이라고 말하고 있다. 마음이 머무르지 못하고 쏘다니는 상태를 좌치坐馳라고 한다. 가만히 앉아 자기를 완전히 잊어버리는 좌망坐忘과 대치되는 말이다. 좌망이 마음의 구심운동이라면 좌치는 마음의 원심운동이다. 선불교에서는 좌선이라 하고, 송대 이후의 신유학에서는 정좌靜坐라 하였다.

삶의 궁극적 차원에 관심이 있는 종교인이라면 정치문제에 무관심할 수 없다. 마하트마 간디는 '종교가 정치와 무관하다고 말하는 사람은 종교가 무엇인지 모르는 사람이다.'라고 말했다. 한마디로 장자는 공자와 그의 제자 안회의 입을 빌려 '마음을 굶겨' 내면에서 솟는 초월적인 힘을 체험한 뒤에 삶의 현장으로 나가 사람들을 도우라고 한 것이다. 『성경』 사도행전 1장 8절에 '오직 성령이 너희에게 임하시면 너희가 권능을 받고…. 땅끝까지 이르러 내 증인이 되리라'고 했다. 우리의 자의식을 말끔히 비우고 진정으로 남을 위한 존재로 탈바꿈할 때 우리의 사회참여가 이웃과 사회 나아가 세계를 위한 의미 있는 산 제물이 될 수 있다.

07 쓸모 있기 위해서는?

고전 공부의 목적은 과거, 현재와의 소통을 바탕으로 하여 미래를 만들어 가는 것이다. 이는 세계 인식과 인간에 대한 성찰이면서 보다 나은 미래를 창조하고자 함이다. 세상에는 크게 두 종류의 사람이 존재한다. 강자에게 당당하고 약자에게 관대한 자와 강자에게 비굴하고 약자에게 오만한 자로 구분한다.

그러나, 장자는 그의 외편外篇 〈천지天地 6〉에는 초나라를 유람하고 진나라로 돌아오는 도중, 한수 이남에서 채소밭에 힘겹게 물을 길러 주는 노인을 보고 자공子貢이 여쭌 말이 나온다. "어르신, 여기에 두레박槹이라는 계械를 사용하시면 훨씬 능률이 오릅니다. 나무를 깎고 구멍을 뚫어 만든 건데 뒤쪽은 무겁고 앞쪽은 가볍지요." 밭을 매던 노인이 낯빛을 붉혔다가 이내 웃으면서 말한다. "나도 스승에게서 그 기계에 대해 들었소. 그런데 기계가 있으면 반드시 기계 쓸 일이 생겨나고, 기계 쓸 일이 생겨나면 기계에 대해 마음이 쓰이지요. 기계에 대해 마음을 쓰는 기심機心이 가슴에 있으면 순백純白 즉 순박

한 빈 마음을 지니지 못합니다. 순박한 빈 마음을 지니지 못하면 정신과 삶이 안정되지 못하지요. 정신과 마음이 안정되지 못하면 도道가 깃들지 않습니다. 그러니 그 기계를 몰라서가 아니라 부끄러워서 사용하지 않을 뿐이지요. 순백불비, 즉신성부정…신성부정자 도지소부재야. 오비부지 수이불위야純白不備, 卽神性不定…神性不定者 道之所不載也. 吾非不知 羞而不爲也." 어찌 보면 곧은 원칙도 없이 우리들도 허욕과 허영에 기대어 아슬아슬한 줄타기를 하며 사는 것일지도 모른다. 이 시대의 비천함이기도 하다.

『장자』의 네 번째 장인 〈인간세편〉을 읽어 가면서 떠오르는 속담이 있다. '못난 후손이 선산을 지킨다.'는 말이다. "천하유대계이 기일명야 기일의야天下有大戒二 其一命也 其一義也 세상에는 지킬 것이 크게 두 가지가 있다. 그 하나는 명이요, 그 하나는 의이다." 여인들이 남장을 즐겨했던 초나라 섭공懾公 때 일이다. 섭공이, 우리들에게 양두구육羊頭狗肉의 고사를 남긴 진晉나라 영공靈公을 만나러 가야 하는데 영공은 일을 질질 끌기로 소문난 자라서 걱정이 앞선다고 공자에게 털어놓는다. 그때 돌아온 대답이 "부모에 대한 효성과 임금에 대한 충성은 어쩔 수 없는 것이-부득이 不得已-이다. 이렇게 회피할 수 없는 일은 편안히 받아들이는 것이-안지약명安之若命-으로 바로 덕德의 극치이다."라고 유가의 중요 덕목을 가르치고 있다. 이른바 순명론, 안명론이다. 운명론과 숙명론과는 다른 의미이기도 하다.

장자 〈인간세편〉의 25절부터 27에는 세 가지 비유를 들어 말하고 있다. 모두 처세에 관한 것으로 지혜에 대해 말하고 있다. 당랑거철螳

螳車轍의 고사는 사마귀의 무모함을 통해 우리가 지닌 현실적 능력을 무시하다가 쓸데없이 희생되는 어리석음을 범하지 말라는 것이다. 제26절의 양호자養虎者의 지혜로운 행위를 통하여 깨달으라는 점이다. 호랑이를 기르는 자는 살아있는 먹이와 먹이를 통째로 건네는 행위를 삼간다는 것으로 호랑이에게 노기怒氣를 기르지 않되 먹이 조절을 자유롭게 함으로써 해害를 피하는 것이다. 제27절에는 부마자夫馬者의 행위를 통해 일깨워준다. 말을 지극히 사랑하면서도 말馬 등에 붙은 모기 한 마리를 호들갑스럽게 죽이는 행동은 곧, 말이 놀라서 뛰게 되고 말을 기르는 자도 큰 해害를 입게 된다는 가르침이다. 독자들께서 찾아 읽으시길 권한다.

나아가 제31절에는 장자 제1편 〈소요유편逍遙遊篇〉에서 말했던 "무용지대용無用之大用 쓸모 없음의 진정한 쓸모 있음."의 화두를 던지고 있다. "차야약여여야개물야 나하재기상물야 이기사지산인 우오지산목且也若與予也皆物也 奈何哉其相物也 而機死之散人 又惡之散木 그대나 나나 하찮은 사물에 지나지 않는데 어찌 그대는 상대방만 하찮다고 하는가? 그대처럼 죽을 날이 가까운 사람이 어찌 쓸모없는 나무 운운하는가?" 장석匠石이라는 목수와 사당祀堂에 서 있는 상수리 나무와의 대화이다. 그 나무는 오래된 고목으로 높이가 산을 굽어볼 정도였고 밑둥치는 백 아름드리 정도였다. 유명한 목수였던 장석이란 자가 재목의 판단 기준으로 쓸모없다고 지나쳤다. 밤에 잠을 자는데 그 나무가 꿈에 나타나 장석에게 한 말이다.

첫째는 지금껏 쓸모 없기를 바랐다가 당신 같은 목수가 쓸모 없다

판정했으므로 이제 마음 놓고 살아갈 수 있으니, 이런 쓸모 없음이 얼마나 쓸모 있게 되었느냐이고, 둘째는 나무도 인간도 대자연 속에 한낱 물체로서 상호보완의 관계인데 어찌 자기 기준으로 사물의 용용用, 불용不用을 말하느냐이다.

이 편의 마지막 절에는 미치광이 접여接輿의 입을 통해 도道가 없이 자신이 쓸모 있으니 중용해 달라고 자리를 구걸하러 다니는 공자를 비웃는 장자의 이야기이다. 접여를 통해 공자에게 일갈하는 장자는 도道가 선행되어야 한다는 점을 강조하고 있다. "계수나무는 먹을 수 없어 잘리고, 옻나무는 쓸모 있어 베인다. 사람들 모두 '쓸모 있음'의 '쓸모'는 알고 있어도 '쓸모 없음'의 쓸모는 모르는구나." 공자가 초나라에 갔을 때 그의 문밖을 오가며 미치광이 접여接輿가 한 말이다. 이 내용은 『논어』〈미자편〉에도 나온다. 사람들 모두 '땅에 금을 긋고 그 안에서 종종걸음으로 옥신각신하는 세상'에 어느 한 편을 위해 '쓸모 있으려 애쓰는 일'은 쓸데없고 위태로운 일이라는 것이다. 마치 군주에게 꼬리를 살랑대는, ~관이라 일컫는 정치인들의 행태처럼 말이다.

결론적으로 장자의 〈인간세편〉은 세상을 살아가는 지혜를 이야기하고 있다. 무용지용無用之用의 유용성의 극대화를 말함이다. 진정으로 크게 쓸모 있기 위해서는 먼저 내면적 준비를 갖추는 것이 중요하다고 하겠다.

08 발목 하나 잘렸다고 해서?

라틴말 속담에 "건전한 육체에 건전한 정신(Mens sana in corpore sano)"라는 말이 있다. 마치 건전하지 못한 육체에는 건전한 정신을 소유할 수 없다는 뉘앙스를 풍기고 있다.

장자에서 각 편마다 등장하는 인물들은 육체적인 결함을 지닌 가공의 인물들이 대부분이다. 그들이 설파하거나 몸소 드러내는 행동을 통해 성인의 경지란 이런 것이다, 라고 일러주고 있다. 〈덕충부편德充符篇〉에 '덕이 가득해서 저절로 밖으로 드러나는 표시'라는 뜻에 합당하게도 『장자』 내편 다섯 번째인 〈덕충부편〉에는 첫 번째 등장하는 이야기부터 심상치 않다.

노자의 『도덕경』이 도道를 어머니로 표현하는 등 여성적인 면을 강조하고 있다는 의미에서 '여성들의 바이블'이 될 수 있다고 한다면 『장자』는 불구자가 도를 실현하고 덕을 발휘하는 데 아무런 장애가 없다는 것을 생생하게 입증하고 있다는 점에서 '장애인들의 바이블'이라 해도 될 것이다.

"상계문어중니 왕태올자야…. 여부자중분노 입불교좌불의…. 실이귀…. 불언지교 무형이심성자사常季問於仲尼 王駘兀者也…. 與夫子重分魯 立不教坐不議…. 實而歸…不言之教 無形以心成者邪. 공자의 제자 상계가 물었다. 왕태는 외발인데 그를 따르는 자가 선생님의 제자와 노나라를 반씩 차지하고 있습니다. 서서 가르치는 일이 없고 앉아서 토론한 적이 없다 합니다. 사람들이 텅 빈 채로 찾아가서 가득 채워 돌아온답니다. 정말로 말하지 않는 가르침 '불언지교不言之教'이 있습니까? 몸이 불구인데 마음은 온전할 수 있습니까?"

공자의 제자인 상계가 "왕태란 사람은 불구인데 어찌 많은 제자를 거느릴 수 있습니까?"라고 묻는 것은 건전하지 못한 육체를 지니고도 어찌 정신을 올바로 지닐 수 있겠습니까? 라고 묻는 것이다.

왕태란 자는 발을 잘려 나간 형벌을 당한 자이다. 죽임을 제외한 고대의 형벌들은 신체에 위해危害를 가하는 경우가 대부분이었다. 대표적인 것으로 먹물로 얼굴에 죄명을 새겨넣는 묵형黙刑, 코를 베어내는 비형, 발꿈치를 잘라내는 월형刖刑, 정강이뼈를 자르는 빈형臏刑 등이 있었다. 아마도 왕태는 빈형을 당해 발 한쪽이 없었나 보다.

"심호무가… 명물지화 이수기종야審乎無假… 命物之化 而守其宗也. 거짓이 없는 경지를 꿰뚫어 보고 사물의 변화를 운명으로 여기고 그 근본을 지킨다." 공자의 대답이다. 그는 생사를 초월한 사람이다. 나아가 사물의 본성을 있는 그대로 꿰뚫어 보아 의연할 뿐 아니라, 운명을 운명으로 받아들이는 사람이다. 라고 말해준다. 간디가 밝힌 '진리파악운동 또는 무저항 불복종운동'의 원형을 말하고 있다고도 할 수 있다.

　이런 사람은 세상에 두려울 것이 없는 사람일 뿐만 아니라, 모든 것을 하나의 입장에서 보아 만물의 경계가 사라지므로 자유롭게 살아가는 사람, 즉 '유심遊心의 사람'이다. 노자 『도덕경』〈제33장〉에도 "지인자지 자지자명知人者智 自知者明. 남을 아는 자는 지혜롭고 자신을 아는 자는 명철하다."라고 했다. 공자는 왕태를 알아보았다고나 할까. 이어서 공자는 제자에게 말하고 있다.

　"시상기족 유유토야視喪具足 猶遺土也. 그러니, 발 하나 떨어져 나간 것쯤은 흙덩어리 하나 떨어져 나간 것에 지나지 않지." 『장자』 내편 첫 번째 〈소요유편〉의 주제로 나오는 '노닐다遊'는 결국 마음의 문제이다. 잃게 된 발 하나도 마음의 문제이지 결코 건전한 마음을 소유하는 것과는 상관이 없다는 점을 장자는 공자와 그의 제자 상계의 입을 빌려 말하고 있다.

　"인막감어유수 이감어지수 유지능지중지人莫鑑於流水 而鑑於止水 惟止能止衆止. 사람이 흐르는 물에 제 얼굴을 비춰 볼 수 없고, 고요한 물 속에만 비춰볼 수 있다. 고요함만이 고요함을 찾는 발길을 멈추게 한다." 왕태의 마음이 '명경지수 明鏡止水'-고사성어 명경지수의 유래-와 같다고 말하면서 자신을 따르는 자의 숫자에는 염두에 두지 않는다고 일러 준다. 누구나 거울같이 맑은 마음에 자신의 참모습을 비쳐 보라는 의미이다.

　지지하는 사람들의 투표수에 따라 스스로 현창顯彰했다고 으스대다가 각종 비리에 연루되어 쇠고랑을 찬 정치인들을 볼 때마다 떠오르는 도덕경 한 구절이 있다. "지족불욕 지지불태知足不欲 知止不殆 만족할 줄 알면 수욕 당하지 않고 그칠 줄 알면 위태롭지 않다."라고 〈제44장〉에 쓰여 있다. 필자의 좌우명이기도 하다.

09 공자의 입을 빌려 말하려 했던 것은?

　엄밀하게 말해서 노자와 장자의 자연주의 사상은 공자가 창시한 유학과 맞설 수 없어서 생겨 난 사상이다. 한무제(BC 156~BC 87)는 당시 방가邦家-국가라는 말은 한고조 유방劉邦의 휘諱를 사용할 수 없다 하여 생겨 난 말임- 체제 정비를 위한 나라의 기본 사상으로 유학을 받아들였다. 한무제 보다 스물세 살 위였던 유학자 동중서董仲舒의 건의를 받아들인 결과이다. 관학官學으로 나라에 의해서 받아들여졌던 유교의 득세로 제자백가들의 사상은 차츰 자취를 감추게 되고, 한 나라에서는 강력한 중앙집권제가 시행된다.

　나라의 통치이념이자 관학으로 자리 잡은 유학儒學에 대해 노자는 노골적으로 대들지 못한다. 장자는 다르다. 『장자』 제5장인 〈덕충부편〉만 보더라도 공자를 비꼬고 있는 부분이 많다. 물론 장자의 내용은 매편마다 사회적 약자이자, 신체가 불구인 장애자의 말을 앞세워 공자의 유학을 비틀고 있는 부분이 많은데, 당연히 익명성을 요구하고 있다. 나아가 공자의 입을 빌려 장자 자신이 하고 싶은 말을 하고 있다.

제5장 〈덕충부편〉에는 장자의 일갈이 무려 스물세 가지나 기록되어
있다. 그중에 열두 번째인 추남 애태타哀駘它에 관한 이야기가 나온
다. "화이불창 지불출호사역 차이자웅합호전 시필유이호인자야和而不
唱 知不出乎四域 且而雌雄合乎前 是必有異乎人者也 즉, 동조할 뿐 주장
하는 일도 없고, 아는 것이라고는 자기 주변의 일상사를 넘지 못한다.
그런데도 남자 여자들이 다투어 그 앞에 몰려드는 것은 그에게는 반
드시 보통 사람과는 다른 무엇이 있기 때문일 것입니다."

당시 노나라를 다스리던 애공哀公(BC 494~468)은 논어에 공자와
대화하는 장면이 수 회에 걸쳐 나온다. 예를 들면 애공이 공자에게
"어떻게 하면 백성들이 순복順服하게 됩니까?"라고 묻자, 공자는 "곧
은 사람은 쓰고 굽은 사람을 버리면 백성들이 순복하고 굽은 사람을
쓰고 곧은 사람을 버리면 불복합니다." 여기서 굽은 사람은 사회적 약
자이자, 선입견을 지닐 수 있는 외모를 지닌 자를 말한다.

장자는 〈덕충부편〉 상기 본문에서 애공의 입을 빌려 공자에게 절세
추남 애태타에 관한 질문을 퍼붓는다. 애태타哀駘它, 이름부터 '슬플
정도로 등이 구부려진 사내'란 뜻이다. 세상이 놀랄 정도로 못생긴 사
내지만, 그를 만난 남자들은 헤어지기 싫어하고, 처녀들은 잘났다고
뽐내는 사내에게 시집가느니, 애태타의 첩으로 가겠다는 일에 대한
질문이다. 요즘 말로 스펙 좋고 독창적인 주장이 있어 박력 있고 밀고
나가기를 하나, 돈이 많아 인심을 쓰나… 저런 추남에게 사람들이 몰

려드니 도대체 어떻게 된 일이냐고 공자에게 묻는 것이다.

노자의 『도덕경』〈제15장〉에서도 도道의 사람은 "겨울에 강을 건너 듯 머뭇거리고, 사방의 이웃 대하듯 주춤거리고, 녹는 얼음처럼 맺힘이 없고, 다듬지 않는 통나무처럼 소박하고, 계곡처럼 트이고, 흙탕물처럼 탁하다."고 했다. 대를 쪼개듯 명쾌하고 설득력 있게 자기주장을 내세우고, 저돌적이고 공격적이고 확신에 찬 것처럼 행동하고 틀에 박힌 듯 빈틈없이 움직이는 사람이 결코 아니라는 뜻이다.

공자가 겨우 대답한다. "제가 초나라에 사신으로 갔을 때 새끼돼지들이 죽은 어미의 젖을 빠는 것을 보았습니다. 그 새끼돼지들은 순식간에 어미 돼지 곁을 떠났습니다. 새끼돼지들이 그 어미를 사랑한 것은 그 몸을 사랑한 것이 아니라 그 몸을 움직이는 그 무엇을 사랑했기 때문입니다. 애태타哀駘它 이 자는 반드시 자신의 재질을 온전히 하면서도 그 덕을 밖으로 드러내지 않는 사람일 것입니다." 남의 얘기하듯 하는 공자를 바라보는 애공의 시선이 어떠했으리라 짐작이 간다.

장자는 말한다. 이렇게 하늘이 준 본래의 재질, 본래의 바탕을 일러 '재才'라 하고 이를 온전히 지키는 자를 '재전才全'이라 하는데 우리를 인간답게 살아가게 하는 기본 요인이라 하겠다. 애태타는 비록 굽었지만 하늘이 준 본래의 바탕을 보전했고, 그것을 밖으로 과시하지 않았다는 것이다.

'온전히 한다는 말은 무슨 뜻입니까?' 공자의 입을 빌려 장자가 대답한다. "사람이 상황에 따라 일희일비하지 않는 마음, 거울 같은 마음으로 마음의 조화와 평정을 유지하여 트인 마음, 봄날처럼 안온하고 느긋한 마음을 지키는 것이 재전입니다." 마치 명나라 말기 홍자성이 지은 〈채근담〉한 구절이 연상된다. "대인춘풍 지기추상待人春風 持己秋霜 즉, 사람을 대할 때는 봄바람처럼 대하고, 자기를 지킬 때는 가을 서릿발처럼 지키라."는 말이다. 훌륭한 덕上德의 사람은 이처럼 자기 덕을 의식하지 않기 때문에 밖으로 드러낼 것이 있는 지도 모르면서 그저 묵묵히 살아간다. 오히려 이런 사람에게는 사람들이 모여든다는 말을 장자는 이 편에서 말하고 있다.

10 몸 안의 것과 몸 밖의 것이란?

'집우이執牛耳'란 말이 있다. 춘추시대 제후들은 맹약을 체결할 때, 소를 잡아 그 피를 돌려가며 입술에 바르는 삽혈의식歃血儀式을 거행했다. 맹약을 어길 경우 소처럼 피를 흘리며 죽어도 좋다고 맹세하는 것이다. 소의 귀를 잘라 피를 받고 쟁반 위에 올려놓으면 맹약을 주도한 이가 가장 먼저 쇠귀가 든 쟁반을 잡는다. 여기에서 유래하여 실권을 잡은 이가 맹주가 되는 것을 '쇠귀를 잡는다.'고 표현했다. 그런데 왜 하필 귀였을까? 소의 상징은 역시 뿔이니, 쇠뿔을 도려내어 피를 흘리는 퍼포먼스가 더 강한 효과를 거둘 수 있지 않았을까? 아무리 삽혈 의식에 의미를 두었다 할지라도 세속의 삶은 꼭 그렇지 않았으니…. 당시에도 무릇 세속적인 사람들의 이익과 형이상학적인 하늘天이라는 개념을 서로 다르게 해석하고 있다.

나중에 장자 외편 중 〈달생편達生篇〉을 들여다 볼 계획이다. 그중에 "부이이합자 박궁화환해 상기야, 천이촉자 박궁화환해 상수야夫以利合者 迫窮禍患害 相棄也, 天以囑者 迫窮禍患害 相收也. 무릇 이익을 앞세워 뭉친 자는 박해를 당하거나 궁핍해지거나 화를 입거나 근심거리와 해를 입었을 때에는 서로를 버리게 되지만, 하늘로부터 부르심을 받은 자-천촉자天囑者-들은 같은 경우를 만나게 되면 서로 포용하여 거두어 들인다."는 말이 나온다.

장자는 내편內篇 중 〈덕충부편〉에서 형벌을 받아 발이 하나 잘린 신도가 申徒嘉와 정나라 재상인 자산子産을 비교하며 따갑게 설파하고 있다. 두 사람은 백혼무인伯昏無人을 스승으로 모셨다. 스승의 가르침이 거의 끝나갈 무렵 즈음, 정자산은 신도가에게 말한다. "내가 먼저 나가면 자네가 남아있고, 자네가 먼저 나가면 내가 남기로 하세." 다음날은 한 걸음 더 나아가 "이제 내가 나갈 터이니 자네가 남아 주겠나? 또 자네는 나같은 재상宰相을 보고도 자리를 비키지 않으니 자네가 재상과 맞먹겠다는 것인가?" 신도가가 대답하길, "선생님 문하에 정말로 이처럼 재상이라는 것이 있었을까? 자네는 재상이라고 우쭐해서 남을 뒤로 밀어내려 하는군. '거울이 맑으면 먼지가 끼지 않고 먼지가 끼면 정말로 맑은 거울이 아니라네.'현인과 오래 지내면 잘못이 없어진다고 하더군. 지금 자네가 우리 스승님을 크게 받들고 있는데 아직도 그런 말을 하다니, 뭔가 잘못된 거 아닌가?"

자산이 다시 대답한다. "자네는 그 꼴에 요임금과 훌륭함을 겨루려 하는군. 자네의 덕을 헤아려보게. 그것도 모자라 스스로 반성할 줄 모른단 말인가?" 신도가가 대답한다. "자기 잘못을 변명하면서 벌 받는 것이 억울하다고 생각하는 사람은 많지만, 자기 잘못을 변명하지도 않고 온전한 몸으로 살아남음을 오히려 황공하다고 생각하는 사람은

드무네. 자상기과 이부당망자중 이부당존자과 지불가내하自狀其過 以
不當亡者衆 以不當存者寡 知不可奈何." 이어서 그는 "어쩔 수 없음을
깨닫고 편안하게 운명으로 받아들이는 것, 이것은 덕이 있는 사람만
할 수 있는 일이지…."

장자는 정자산과 같이 유가적儒家的 사고방식의 한계를 드러내고자
신도가와 백혼무인이라는 가상 인물을 설정하고 있다. 정자산은 죄를
지어 형벌로 발이 잘린 전과자와 함께 공부하는 것을 창피스럽게 여
겼고, 이런 자가 자기같이 지체 높으신 이를 제대로 알아 모시지도 않
고 그저 동창생이라는 사실만 믿고 맞먹겠다고 나오는 것을 몹시 불
쾌하게 생각했으리라. 그래서 타인의 눈에 함께 드러나지 않게 하려
고 따로 나가자고 제안한 것이다.

공자는 군자의 도道가 드러나는 곳을 '출出 처處 어語 묵黙' 네 글
자로 요약하고 있다. 인생의 문제는 '출처'의 문제라 할 수 있다. 사회
가 어지럽고 경쟁이 치열할 때에는 세상에 나서야 할지, 말아야 할지
가 매우 어려운 문제로 부각된다. 그야말로 매우 높은 지혜가 요구된
다고 하겠다. 제갈량을 조조가 그리 애를 써서 끌어들이려 했어도 결
국 나서지 않았다. 제 일 보를 정확히 판단한 후에 나서야 함을 말하
고 있다. 이것이 '출'의 문제이며 옳지 않으면 곧 물러서는 것이 '처處'
이다. 군자에게 '출처'의 문제는 마땅히 나서야 하느냐, 물러서야 하느
냐, 또는 마땅히 말해야 하느냐, 침묵해야 하느냐의 문제이다.

그리하여 좋은 결과가 있었던 군자는 "온갖 수고를 다하면서도 과

시하지 않고, 공이 있어도 내세우지 않으며 지극히 후덕하여 자신의 공을 아랫사람에게 돌리는 것이다. 노이불벌, 유공이부덕 후지지야. 위인기공하인자야. 勞而不伐, 有功而不德 厚之至也. 謂人其功下人者 也."라고 『주역』〈겸괘謙卦〉에 밝히고 있다.

사람을 가르치든 사업을 하든 평범한 샐러리맨이든 회장이든 혹은 지도자든 간에 "자신에게 공이 있더라도 스스로 오만해서는 안된다. 덕언성, 예언공, 겸야자. 치공이존기위자야.德言盛,禮言恭,謙也者. 致恭 以存其位者也. 덕은 성대함이요. 예는 공손함이며 겸謙은 높은 지위에 있으면서도 공손함을 다하는 것이다."는 말이다. 이는 〈건괘乾卦〉 제 일 꼭대기에 있는 효爻이다.

화제를 잠시 돌려 보자. 시詩의 나라 고대 제국 당唐나라에서는 입 신양명을 위한 시를 써서 들고 서 있거나, 사람들이 출입이 잦은 사찰 입구 벽에 회를 바르고 시를 써놓거나 등등 자기 홍보가 극에 달했었 다. 고관대작이나 귀인들의 눈에 띄는 순간 벼락 출세가 가능했던 사 회였다. 아침에는 평민이었다가 저녁에는 귀인이 될 수 있었던 전국 시대戰國時代를 제외하면 당대唐代는 자기 홍보가 가장 유행했던 시 대였다. 반드시 자기 작품이 아니더라도 명사의 시를 병풍에 써놓거 나 다른 방법으로 상호 시심을 나누었다. 〈장한몽長恨夢〉의 시인 백 거이白居易가 시인 원진袁稹의 절구 100수를 자신의 집 병풍에 쓰자, 원진은 백거이의 시로 사원의 벽을 가득 채웠다. 이에 감동한 백거이 의 시이다. 사실 중당대 둘 사이는 절친한 사이였다.

'그대는 내 시로 사원의 벽을 가득 채우고/나는 그대의 시로 병풍을 채웠네/그대와 서로 만날 곳 어디일까/부평초 두 개가 바다에 떠있는 꼴이니. 군사아시영사벽/아제군구만병풍/여군상우지하처/양엽부평대해중-君寫我詩盈寺壁/我題君句滿屛風/與君相遇知何處/兩葉浮萍大海中-'

  잠시 빗나간 일화를 접고 신도가가 정자산에게 말한다. "활 잘쏘는 예羿가 활 사정거리 안에서 놀 때, 그 안은 모두가 화살을 맞을 수 있는 곳. 그런데도 맞지 않았다면 그것은 명命일 따름이지, 그런데도 자신이 온전하다 하여 내 발 하나 없는 것을 비웃는 사람들이 많았네. 나는 그때마다 불끈 화를 내다가도 선생님 계신 곳에 가면 평소 상태로 되돌아왔네. 선생님께서 훌륭하신 덕으로 씻어 주셨나 보이. 내가 19년 동안이나 따르며 배웠지만 아직도 내가 '외발'임을 아신다고 내비친 적이 없으시다네. 자네와 나는 몸 안의 세계를 배우는데 자네는 아직 몸 밖의 것에만 눈을 돌리고 있으니 뭔가 잘못된 것이 아닌가?"

  난세를 살아가고 있는 우리는 활 잘 쏘는 예羿가 쏘는 화살에 맞을 수 있는 사정거리에서 놀고 있는 사람들이라고, 그 화살에 맞고 안 맞는 것은 전적으로 우리의 개인적 잘잘못과 상관이 없다는 것. 어쩌다 자네처럼 그 활에 맞지 않아서 몸이 온전하다고 잘난 체할 수도 없다는 것을 말하고 있다.

  오래 전에 본 '쉰들러 리스트'라는 영화의 한 장면이 생각난다. 나치 장교 한 명이 발코니에서, 저 아래쪽 작업장에서 일하는 유대인을 향하여 심심풀이로 권총을 쏘는 장면이다. 그 총알에 맞아 다치거나 죽게 된다면 억울한 일일 수는 있어도 그것으로 죽은 사람의 잘잘못을 논할 수 없다는 의미이다. 우리들이 일상생활에서 사람을 오로지 외모로만 판단하지 않는지 부끄러움이 앞선다.

11 성인^{聖人}의 판단 기준은?

장자의 사상이 풍부하게 담겨있는 〈덕충부편〉도 이제 막바지에 다다랐다. 청나라 제6대 건륭제 때 양주팔괴揚州八怪-파격적인 화풍의 여덟 명의 화가-중 한 명인 정판교鄭板橋(1693~1765)는 시詩, 서書, 화畵에 뛰어나서 삼절三絶로 불리웠다. 산동성 범현范縣의 현령으로 재직 시 유명한 활사사박活使死剝 판결 일화가 있다. 두 농부가 기르는 소 두 마리가 싸우다 한 마리가 죽자, 한 농부는 배상하라, 한 농부는 소들끼리 싸우다 죽었으니 배상의무는 없다고 다투자, 현령이 불러 세운다. 이야기의 자초지종을 듣고 난 후 곧 "활우공사 사우공박活牛共使 死牛共剝하라고 판결한다. 즉 살아있는 소는 공동으로 일을 시키고, 죽은 소는 함께 가죽을 벗겨 나눠 가지라."는 것이다.

위의 글에서 쉽게 현실적 관계, 분석, 인간이 동원한 지혜 등을 엿볼 수 있다.

이로부터 1천 8백 년이란 세월을 거슬러 올라가서 『장자』는 이러한 정황을 어떻게 말하고 있을까, 제5장인 〈덕충부편〉 마지막 부분에 범부凡夫와 성인의 대비를 통해 비교적 쉽게 밝히고 있다.

"고덕유소장 이형유소망 인불기소망 이망기소불망, 차위성망故德有
所長 而形有所忘 人不其所忘 而忘其所不忘, 此謂誠忘 그러므로 덕이 뛰
어나면 외형은 잊어버리게 된다. 그러나 사람들은 잊어야 할 것들은
안 잊고 잊지 말아야 할 것은 잊는다. 이런 것을 정말로 잊어버림-성
망誠忘-이라 한다."

이 글은 위나라 영공에게 훌륭한 의견을 제시했던 인기지리무신闉
跂支離無脤-절름발이, 곱추, 언청이-이라는 사람들과 제나라 환공에
게 매우 중요한 간언을 올린 옹앙대영甕盎大廮-큰 혹이 달린 사람-을
앞세워 장자가 전하는 말이다.
두 임금은 이 세 사람을 무척 사랑한 나머지 그들의 못난 외모를 대
수롭지 않게 여겼다. 소위 정상인이라는 사람들이 외모 때문에 성형
외과의 문턱이 닳도록 드나드는 세태이다. 정작 신경을 써야 할 내면
의 세계에 대해서는 무관심하다. 이것이야말로 "진짜 잃어버림誠忘"
이라고 말하고 있다.

『맹자』의 〈고자장구 상告子章句 上〉에도 비슷한 이야기가 있다. 사
람들이 집에서 기르는 개를 잃으면 그것을 찾아 사방을 헤매면서도
마음은 잃어도 무관심이다. 또 꼬부라진 무명지가 아프지도 않고, 살
아가는 데 지장이 없는데도 그것을 고쳐 줄 의원이 있다는 소문만 들
으면 진秦나라에서 초楚나라를 멀다 않고 찾아가는데, 정작 마음이 꼬
부라진 것은 관심이 없다는 것으로 맹자는 이것을 "부지류 不知類"라

했다. 곧 무엇이 중요하고 덜 중요한지 모르는 무지, 장자의 말대로 성 망이다.

성인에게는 세상에서 중요시하는 지知, 약約, 덕德, 공工이 필요없 다. 성인은 지知를 화禍의 근원으로 여겼다. 사회규범에 얽매이는 약 約을 아교풀에 달라붙어 꼼짝할 수 없게 하는 것으로 생각하고, 도덕 에 따라 사람을 사귀고 인심을 얻는 것은 교제 수단으로 여겼다. 공工 은 솜씨 부리는 일로 장삿속으로 연결, 가치 없는 일로 여겼다.

신약성경 마태복음 6장에 예수는 "무엇을 먹을까 무엇을 마실까 무 엇을 입을까 염려하지 말라… 그의 나라와 그의 의를 구하라."라고 말 한다. 장자는 하늘이 준 본래의 바탕, 이것이 성인에게 준 만족함이니 잊지 말아야 할 것을 지키라고 말한다.

"유인지형 무인지정有人之形 無人之情 즉 성인은 사람의 모양을 지 녔지만 사람의 정이 없습니다."라고 혜자가 장자에게 말한다.

"오소위무정자 언인지 불이호악내상기신 상인자연이불익생야吾所 謂無情者 言人之 不以好惡內傷其身 常因自然而不益生也 즉 정이 없다 고 하는 것은 좋아하고 싫어하는 것으로 인해 속상하는 일이 없다는 것으로 언제나 모든 것을 그대로 놓아두고 억지로 군더더기를 붙이려 하지 않는 것을 말함일세." 장자가 대답하고 있다.

감정을 넘어선 경지, 감정에 좌우되지 않는 경지, 바로 이 경지에 도

달해야 정말로 자유로운 사람이 될 수 있다고 말한다. 『논어』의 〈팔일편八佾編〉에 공자는 "낙이불음 애이불상樂而不淫 哀而不傷. 기뻐하되 거기에 빠지지 않고, 슬퍼하되 상처를 입지 않는다."고 말하고 있다. 이런 마음은 어떤 경우에도 끄덕하지 않고 의연히 대처하는 부동심, 평상심이다. 어느 선사禪士가 노래한 것처럼 호수 위를 날아가는 기러기가 제 그림자를 호수 위에 드리우되, 일부러 드리우지 않고, 호수도 기러기의 그림자를 비추되 일부러 비추지 않는 것과 같다. 둘 다 무심히 드리우고 비출 뿐이다.

이런 경지가 있는 줄도 모르고 일상적인 분별심, 논리적이고 분석적인 의식에 매달려 안달복달, 시비곡직, 좋고 나쁨을 가르고 앉아 있으면 창백한 지성, 활기 잃은 상태에서 벗어날 수 없다. 우리 속에 잠재한 생명력, 그 활기를 잃어버리게 된다. 그럼으로 무정의 경지, 어떤 고정관념이나 집착에서 벗어나 마음의 참 자유를 누려야 한다는 말로 장자는 〈덕충부〉를 맺고 있다.

12 참 앎이란?

예미도중曳尾途中의 일화이다. 『장자』 외편 중 〈추수편秋水編〉에 나온다.

장자가 강에 낚싯대를 드리우고 있는데 초楚 위왕威王이 두 명의 대부를 보내서 장자를 재상으로 삼겠다는 뜻을 전한다. 장자가 말하길 "초나라에는 신령한 거북이가 있다는데 죽은 지 3천 년으로 알고 있습니다. 위왕은 그것을 비단으로 싸서 상자에 넣어 묘당廟堂에 보관하고 있다던데, 나는 살아서 진흙 속에서 꼬리를 끌며 살겠습니다."라고 했다. 비록 진흙 속이라도 초연하게 살아가겠다는 뜻을 내비친 일화이다.

어느덧 『장자』 내편 일곱 장 중 비교적 난해한 〈대종사편大宗師篇〉에 접어 들었다. 이 편에서는 '위대하고 으뜸 되는 스승'이 과연 어떤 사람인가 하는 문제를 다루고 있다. 그 전제로서 '앎'에 대해서도 말하고 있다.

옛적에 어떤 욕망에 들끓는 젊은이가 산 정상만 바라보고 산에 올랐다. 좀 더 일찍 정상에 다다르고자 길을 벗어났다. 날이 어두워진 것도 모르고 위만 보고 올랐던 그가 밤이 되어 당황한 나머지 길을 못 찾고 헤맬 때, 그의 앞에 선인이 나타나 수류거水流去! 한 마디만 남기고 홀연히 사라졌다.

물 따라 가라는 말로 즉 낮은 계곡으로 내려가라, 물 따라 가다 보면 인가가 나타날 것이라는 말이다. 어디 그뿐일까, 물처럼 살라는 가르침도 있을 것이다.

우리는 앞에서 일상적인 굳은 마음成心을 스승으로 삼을 수 없기 때문에-제물론- 그런 마음을 말끔히 비우는 마음 굶기기心齋를 실천해야 한다는 이야기를 들었다.-인간세-〈대종사편〉에서는 우리가 의지해야 할 스승은 누구이고, 우리가 따라야 할 기준은 무엇인가에 대한 대안으로 진인眞人을 등장시킨다. 이러한 진인도 결국 도道를 대표하는 사람임으로 궁극적으로 우리가 따라야 할 가장 '위대하고 으뜸되는 스승'은 도道라는 말이다.

노자 『도덕경』 25장 후반부에 "인법지 지법천 천법도 도법자연, 人法地 地法天 天法道 道法自然"이라고 밝혔다. 즉 "사람은 땅을 본받고 땅은 하늘을 본받고 하늘은 도를 본받는다 이처럼 도는 자연을 본받으니…"자연스러운 것이 바로 도道이고 만약 그렇지 않으면 도에 합치되지 않는다. 여기에서의 법法은 '본받는다, 의지한다'는 의미로 물 수水와 갈 거去의 합자이다. '물 따라 간다'는 말이다.

물 따라 가지 못 하고 늘 망설이기 일쑤인 우리들은 어떠한가? 알지 못해서? 여기에서 우리들의 시야와 기준을 고찰해야 한다. "부지유소 대이후당, 기소대자 특미정야夫知有所 待而後當, 其所待者 特未定也. 우리의 앎은 무엇에 근거해야만 비로소 바른 앎이 된다. 그런데 그 근거가 아직 확정되지 않았다."는 점이다. 그런데 우리 보통 사람들은 '당연한 것으로 여겨진 견해'에 사로잡혀 있기 일쑤다.

이런저런 선입견에 한 번 길들여지면 그것을 만고불변의 진리처럼 떠받들고 산다. 이미 세뇌된 상태이면서도 이런 상태를 의식하지 못하면서 살아가는 셈이다. 이러한 우리의 오류와 무지를 지적해서 일깨워줄 사람이 누구인가, 이에 대한 대답으로 장자는 진인眞人을 등장시킨다.

"차유진인이후진지, 하위진인 불역과 불유성…유연이왕…수이선지, 망이복지 且有眞人而後眞知, 何謂眞人 不逆寡 不雄成…柔然而往…受而善之, 忘而復之 그러므로 진인이 있어야만 참된 앎이 있습니다. 모자란다고 억지 부리지 않고, 이루어도 우쭐거리지 않고… 잊고 있다가 의연히 돌아올 뿐입니다… 삶을 그대로 받아들여 살다가, 잊어버린 채로 돌아갑니다."

진인은 어떤 기준에 얽매이지 않고 잊고 갔다가 의연히 돌아온다는 말이다. 그는 '나서 죽는 일'보다 '죽었다가 다시 사는 일'이 더 자연스런 표현이었을까 짐작해 본다. "대지관어원근大知觀於遠近. 큰 지혜는 멀리서 볼 줄 알고 가까이서도 볼 줄 안다."고 했다. 앞서 말한 〈추수편)에 나온 말이다. 진정한 앎이란, 사람들이 설정해 둔 모든 기준과 선입견을 떠나서 보는 자의 마음에서 비롯된 시야에서 비롯된다는 말이다.

 "하늘의 직책은 덮는 것이고 땅의 직분은 싣는 것입니다. 만물이 그 사이에서 생성하고 쇠퇴하는데 천지가 무위로 일임하지만 감히 이기지 못한 것은 사사로움이 없기 때문입니다. 천지가 한 물건이라도 사사롭게 대한다면 천도天道 또한 막힐 것입니다. 임금은 하늘의 뜻을 받아 법을 세우는 자이니, 가까운 것으로 먼 것을 막지 않고, 친한 사람으로 소원한 자를 멀리하지 않으며, 여러 사람이 어질다고 하는 자를 등용하여 벼슬을 주고 여러 사람이 버리는 자를 벌주며, 천하가 옳다고 하는 것을 옳다고 하고 천하가 그르다고 하는 것을 그르다고 하며 공평하게 하여 자기를 개입시키지 않아야 할 것입니다. 인주계극기도, 유시불이근폐원, 불이친간소…. 천하소시 종이시, 천하소비 종이비, 청공소재 기즉무예. 人主繼極其道,猶是不以近蔽遠,不以親間疎…. 天下所是, 從而是, 天下所非 從而非,聽公所在 己則無預."

 조선 중종 10년(1515) 6월 홍문관 부제학 조원기趙元紀가 임금께 올린 상소문이다. 임금은 그 자신의 눈과 귀로 보고 듣는 것에 의존하여 판단하지 말고, 신하들이 보는 것과 듣는 것, 천하가 보는 것 듣는 것에 따라 판단해야 한다고 올린 상소이다. 당시 중종이 병을 숨기고 의원을 피하며 충언忠言을 싫어했던 까닭이기도 했다. 이 상소에 대해 중종은 "나의 병통에 적중하였다. 만약 경卿들이 아니었으면 나를 경각시키는 말을 듣지 못했을 것이다."라고 비답批答을 내렸다.

13 도둑맞지 않으려면?

수년 전의 일이다. 직장에서 남아시아 지역으로 출장을 가게 되었
다. 싱가포르, 말레이시아, 홍콩, 일본을 거쳐 돌아오는 13박 14일의
일정이었다. 현지 건설, 주택 관련 관공서와 개발 현장, 관광도 곁들여
진 비교적 여유 있는 여정이었다. 싱가포르에서의 일이다. 국토개발
청에서 미팅을 마치고 해안으로 이동하는 도심 한 가운데 버젓이 자
리 잡고 서 있는 도교사원道敎寺院을 만났다. 사원 입구 팔작지붕 아
래 장의자에는 현지 화교들 너덧 명이 앉아서 한가롭게 담소 중이었
다. 평일에는 사원에 들어갈 수 없다는 안내인의 말에 싱가포르 도교
사원의 노자와 장자 조각상을 훔쳐보고 싶었던 마음을 접을 수밖에
없었다.

한漢무제가 당시 춘추를 전공했던 역사학자 동중서董仲書의 건의를
통해 국가 통치이념으로 유학을 받아들여 오경박사를 두고 관학으로
발전시켜 가는 것에 반발하여 민간인 사이에서 생겨난 것이 도교이
다. 현실 통치이념의 학문인 유학의 창시자 공자孔子에게 노자와 장자

는 그처럼 땅만 바라보지 말고 저 멀리 저 높이 있는 것 좀 보라, 소리 치고 싶었던 것이다. 그야말로 외줄 타는 도가사상이자 장자이다.

중국에는 진시황始皇을 시초로 황제 제도가 도입된 이래 2천 년간 4백여 명의 황제가 존재했었다. 대부분이 통치이념으로 유학과 불학을 관학으로 차용했었지만, 그 중 당현종과 무종은 도교를 중시했었다. 현종은 741년 베이징과 난징에 도교 교육기관인 숭현학崇玄學을 세우고 노자, 장자의 사상을 가르치게 했고, 불교 승려 1만 2천여 명을 환속시켰다. 나아가 제14대 당무종은 40년 재위 중 황궁에 도교 사원을 짓고 845년, 불교 숭배를 금지한다. 심지어 그는 4천 6백여 개의 절에 불을 지르게 하고 2십 6만여 명의 승려와 비구니를 환속시켰다.

오늘, 장자가 도道에 대해서 다시 말하고 있다. 외편 일곱 번째 장인 〈천운편天運篇〉에 나오는 말이다.
"천학 어상여처어목 상구이습 상유이말泉涸 魚相與處於陸 相呴以濕 相濡以沫 샘이 말라 물고기가 모두 땅 위에 드러나자, 서로 물기를 뿜어주고 거품을 뿜어 주지만" "불약상망어강호 여기예요이비걸야 불여양망이화기도不若相忘於江湖 與其譽堯而非桀也 不如兩忘而化其道 강이나 호수에서 서로 잊고 사는 것이 훨씬 좋다. 요임금을 칭송하고 걸왕을 비난하지만, 둘을 다 잊고 도에서 변화하며 사는 것이 훨씬 좋다." 과연 장자다운 일갈이다.

장자의 유일한 관직은 칠원리漆園吏라는 정원 향나무 관리직 말단이었다. 정원을 거닐다가 말라버린 연못에 맨몸을 드러낸 물고기들을 보고 썼을 것으로 보이는 〈대종사大宗師篇〉의 -화기도化其道- 부분이다. 물고기가 거품으로 서로 적셔주면서 사는 상태, 요임금이나 걸왕의 잘잘못을 따지는 상태는 인仁이니 의義이니 하는 윤리적 상태에 머무는 것이다. 도가 완전히 실현되지 않았다는 증거이다. 메마르기 그지없는 세상에서 서로 물기나 거품을 적셔주는 정황을 상상해보자. 딱하기 그지없다. 그러나 도와 하나 된 상태에 이르면 "종도치일 從道致一." 인의나 따지는 세상에서 벗어나 시원스럽고 자유롭게 헤엄치듯 살 수 있다는 이야기이다.

『도덕경』〈제18장〉에도 "대도폐 인의유 지혜출 유대위大道廢 仁義有 智慧出 有大僞 대도가 폐하면 인이니 의니 하는 것이 나서고, 지혜가 나오자 큰 거짓이 생겨났다."고 쓰여있다. 즉 '인의가 필요 없는 세상, 그런 것을 잊어버리고 살 수 있는 세상이 도가 편만한 세상, 물고기가 물에서 헤엄치듯 시원하게 사는 세상이다.'고 장자는 거듭 설파하고 있다. 인과 의는 유교에서 중요한 가치 덕목임을 우리가 익히 알고 있다. 나아가 그는 큰 스승을 빗대어 도에 대해 말하고 있다. 그야말로 대종사이다. "고성인 장유어물지소 부득순이개존故聖人 將遊於物之所 不得循而皆存 그러므로 성인은 사물들이 새어 나갈 수 없어서 언제나 머물러 있는 경지에서 자유롭게 노닌다." 사물이 새어 나가지 않는다는 의미는 큰 것에다가 작은 것을 감추어 둠으로 '장소대유의藏小大有宜' 즉 우주 자체를 내 집으로 삼으면 그 어느 것도 도둑맞지 않고 살아갈 수 있다는 말이다.

전체의 눈으로 사물을 보기 때문에 얻음과 잃음이 없는 경지에서 살아간다. 이런 사람이 우리의 스승이다. 이런 스승이 본받는 도道, 모든 것의 근원이 되는 도야말로 가장 큰 스승이라는 것이다. 이어서 도의 존재에 대해서 말하고 있다. "무릇 도가 실재라고 믿을만한 증거는 있지만 그것은 함도 없고-무위無爲-, 형체도 없다-무형無形-. 전할 수 있으나 받을 수 없고 터득할 수는 있으나 볼 수가 없다. 스스로를 근본으로 하고 스스로를 뿌리로 하고 있다. '자본자근自本自根.' 하늘과 땅이 있기 이전부터 본래 있었다."고 말한다. 마치 천지창조 이전에 말씀이 계시니라는 창세기 첫 문장과 같다.

도를 터득한 사람이 말로 전하기는 하지만 듣는 사람은 그것을 정말 알아들을 수 없다. "교외별전 이심전심教外別傳 以心傳心… 곧 문자나 말을 떠나 오로지 마음으로만 전해질 수밖에 없다는 것으로 체험의 영역이지 말의 대상이 될 수 없음을 말한다. 라틴어로 Aseitas 즉 '스스로에 의함'이란 뜻이다. 도가 모든 존재의 근원이요, 모든 존재가 지니고 있는 '그러함의 바탕'이라는 것이다.

노자는 『도덕경』〈제39장〉에 "하나를 얻어… 맑고 편안하고 영묘하고 가득하고 자라나고… 세상 어른이 되는 자연현상이 도道를 얻어 그 본연의 모습을 유지한다."고 말한 데 반해, 장자는 도를 터득한 결과 "희위狶韋씨는 하늘과 땅을 들고 다녔고 복희씨는 기氣의 근원으로 들어갔다. 일월日月은 예로부터 쉼이 없고 풍이馮夷는 황하에서 노닐고, 견오肩吾는 태산에 살고 서왕모西王母는 소광산에 자리잡았다…. 전설은 죽어서 여러 별들 중에 하나가 되었다." 주로 신화적 인물들이 도를 터득한 사례를 이야기하고 있다.

　도를 말하다 말고 진정한 삶에 대해서 자못 심각하게 이야기한다.
　"살생자불사 생생자불생殺生者不死 生生者不生 삶을 죽이는 자는 죽지 않는다. 삶을 살리는 사람은 살지 못 한다."고 말할 수 있다. 우리네 작은 삶, 작은 나를 죽이는 것이 진정 죽지 않는 길이고, 작은 나를 살리는 것이 참 삶을 사는 것이 아니라는 말이다. '제 목숨을 구원코자 하면 잃을 것이요, 제 목숨을 잃으면 찾는다.' 이 충무공의 '사즉생 생즉사死則生 生則死'와 같다. 자의식으로 가득 찬 현재의 '나'가 죽어 없어질 때 '우주적 나'로 새로 탄생한다. 도道 또한 마찬가지이다. 불립문자라는 말이 있듯이 도가 문자에 갇혀 있을 수 없다. 문자 자체는 진리가 될 수 없지만 도를 터득할 수 있는 계기를 마련해 준다는 의미에서 문자 또한 중요하다. 도가 달이라고 가정했을 때, 달을 가리키는 손가락의 구실을 문자文字가 한다고 할 수 있겠다.

14 자유인이란?

이른바 성과사회다. 공공기관에서조차 성과연봉제의 도입이 유행이다. 성과급 잔치를 하는 대기업의 이야기는 오래된 일이다. 성과! 자신의 가치를 극대화해서 그 열매를 조금이라도 더 따먹겠다는 논리이다. '하면 된다! Just do it!'라는 나이키 광고가 대변하는 긍정의 이데올로기다. 이 말에는 얼마나 깊은 함정이 도사리고 있다는 것을 그 누구도 눈치채지 못한다.

도가道家의 입장에서 보면 이 말은 큰 도둑질을 일컫는 말이다. 그렇다면 '있는 것은 있는 그대로 놔두라.'라는 2천3백여 년 전 장자의 말은 오늘날에 전혀 쓸모없는 말일까. '하면 된다'라는 시대정신은 측정 가능하고 순위를 매길 수 있는 '인기도人氣度'와 '금전적 성공'이라는 두 가지 기준이 선행 제시된다. 하이데거는 불가능한 것을 강압하며 요구하는 것, 이것이'몰아세움'과 '닦달'이라고 명명함과 동시에 자본주의의 원동력인 '경제성'이라는 도발 요청이 거기에 도사리고 있다고 정의한다.

범세계적으로 일고 있는 '자기계발 열풍'이 대표적 증상이다. 이것들의 결과는, 도가의 관점에서 보면 남의 몫을 훔쳐 오는 것에 지나지 않는다. 파이는 정해져 있고 이 파이를 누가 얼마나 더 훔쳐 가느냐이다. 노자는 그의 『도덕경』〈제3장〉에 "얻기 어려운 재물을 귀하게 여기지 않으면 백성들로 하여금 도둑질하지 않게 한다. 부귀난득지화 사민부위도不貴難得之貨 使民不爲盜."라고 밝히고 있다. 불학에서는 불여취不與取'-주지 않는 것을 취하는 것-이 바로 도둑질이라고 말한다. 한발 더 나아가 후기 자본주의는 과잉 생산된 상품들을 과잉 소비를 통해 해소함으로써 생존하는 체제다. 초기 자본주의 사회에서는 자본의 축적과 기간 시설-도로, 철도, 항만, 각종 통신시설-과 같은 생산조건의 확립이 요청되었다. 때문에 정부는 사회구성원들에게 생산자라는 지위를 부여하고, 개신교 윤리에 근거한 근면, 검소, 절제, 소명 의식, 시간 엄수와 같은 노동윤리를 주입시켰다.

도가의 입장에서 보면 사람은 살아가면서 천지자연의 물건을 훔치는 천지의 도둑들에 불과할 뿐이다. 태양 빛도 훔치고, 토양의 기능도 훔친다. 만물의 생명도 훔치고, 동물의 고깃덩이, 태양과 바람과 물이 길러 놓은 채소를 삼키면서도 당연한 이치라고 여길 뿐이다. 과연 지금은 어떠한가? 소비를 애국으로 포장하는가 하면 노동시간을 줄이고? 여가 시간을 늘리는 정책을 시행하고, 무제한적인 신용카드 발급, 충동적이고 무책임한 소비를 강요하고 있다. 도둑들에게 소비를 강요하다니? 실제로는 모두를 도둑 채무자의 위치로 전락시키고 있다.

도가에서는 상고시대에 사람을 일컬어 온몸에 털이나 날개가 없는 나충裸蟲으로 불렀다. 뱀을 장충長蟲이라 불렀으니 천지간의 흔한 생명체 중 하나로 간주했다. 어떤 사람은 의관을 갖추고 예의를 차리기까지 하니 어찌 큰 도둑의 행위라 아니할 수 있겠는가. 『장자』 외편 〈거협〉에 '지극히 지혜로운 자는 크게 도둑질하여 쌓은 자'라고 단언한다.

큰 가르침의 정수인 〈대종사편〉 끝부분 몇 절을 통해 거친 세상의 물결에서 허우적대는 사람들을 강가의 나무 그늘로 안내하고자 한다.

"실자순야 안시이처순 애락불능입야, 차고지소위 「현해」야. 失者順也 安時而處順 哀樂不能入也, 此古之所謂 「縣解」也. 순리에 따르면 슬픔이니 기쁨이니 하는 것이 끼어들 틈이 없다. 이것이 예부터 말하는 매달림에서 풀려나는 「현해縣解」이다." 이 말은 〈대종사편大宗師篇〉 마지막 부분에 공자의 손자 자사子思가 자여子輿에게 던진 말이다. 자여에게는 요즘 의학용어로 루게릭병이 들어 온몸이 뒤틀리다 못해 오그라지는 병이 와서 그의 등은 곱추처럼 굽고 등뼈는 불쑥 튀어나오고, 목덜미뼈는 하늘을 향하는 몰골이었다. 문병 온 자사에게 자신의 처지를 한탄하자, 자사가 말했던 것이다. 오늘날처럼 자기 자신을 성과 사회로 밀어 넣고 스스로를 닦달하고 몰아세우는 자아는 매달 날아든 신용카드 결제청구서를 받아 들고 점차 자여子輿를 닮아가는 진행형의 루게릭병 환자와 다를 바 없다.

이어서 장자는 이 편에서 세상 안과 밖, 구속인과 자유인의 이야기를 공자 제자의 입을 빌려 말하고 있다. "자상호 맹자반 자금장 삼인 상여어왈, 숙능상여어무상여, 상위어무상위子桑戶 孟子反 子琴張 三人 相與語曰, 孰能相與於無相與, 相爲於無相爲 자상호(뽕나무 문선생) 맹자 반(맹반대선생) 자장금(거문고 당기기선생) 이 셋이 모여 이야기한다. 누 가 사귐이 없는 데서 사귈 수 있고, 서로에게 의지하지 않는 데서 함 行을 실행할 수 있을까?"

"삼인상시이소三人相視而笑 세 사람은 서로 쳐다보며 웃었다." 얼마 후 자상호가 세상을 떴다. 장례를 치르기 전에 공자는 제자 자공子貢 을 보내 상례를 돕도록 했다. (자공이 가보니까) 한 사람은 노래를 짓고 한 사람은 거문고를 타면서 목청껏 노래 부르고 있었다. 자공이 공자 에게 돌아와 아뢴다.

"그 사람들은 바른 행동은 전혀 없고 주검 앞에서 노래를 부르다 니 도대체 예禮의 뜻을 안단 말입니까?" 공자는 아차 싶었다. 세상 밖 에 노니는 사람들의 일에 세상 안의 사람들이 조문하는 것이 이치에 어긋나는 것임을 잊고 자공을 보낸 것이 자신의 불찰임을 깨닫게 된 것이다.

"피이생위부췌현우 이사위결흘궤옹, 부약연자 우악지사생 선후지 소재彼以生爲贅縣疣 以死爲決疣潰癰, 夫若然者 又惡知死生 先後之所 在 그들에게 삶이란 마치 군살이 붙거나 혹瘦이 달린 것과 마찬가지 요, 죽음은 부스럼을 없애버리거나 종기癰를 터뜨린 것과 같다. 도대 체 이쪽 사람들이 어찌 삶과 죽음의 우열을 따지겠는가?" 자공이 다시 묻는다. "그렇다면 선생님은 어떤 세계에 의지하고 계십니까?" 공자

외줄타는 莊子   71

가 대답하길, "구천지육민야 수연오여여공지丘天之戮民也, 雖然吾與汝共之 나는 하늘의 벌을 받은 사람이다. 그러나 나는 너와 함께 세속에 머물 것이다."

장자는 예禮에 묶여 사는 상태를 하늘의 형벌로 인식하고, 이런 상태에서 벗어나 자유로운 사람이 참으로 군자다운 사람이다. 라고 한다. 상스런 사람들이란 이 세상의 척도로 잴 때 이상할 뿐이지, 하늘의 척도로 재면 하등 이상할 것이 없는 하늘의 사람들, 즉 자유로운 사람들이라고 공자의 입을 빌려 일러주고 있다. '하늘의 소인이 사람에게는 군자요, 사람의 군자가 하늘의 소인이다.'라는 말은 세례 요한을 두고 예수께서 하신 '여자가 낳은 자 중에 세례 요한보다 큰 이가 일어남이 없도다. 천국에서는 지극히 작은 자라도 저보다 크니라.(마 11:11)' 말씀이 떠오른다.

결국, 이러한 사상은 유가사상을 넘어서려는 도가의 이야기를 유가의 태두인 공자의 입을 빌려 장자는 말하고 있는 것이다. 외줄을 타고 있다. 도에 깊이 이르는 길은 우선 인의, 예악 같은 윤리지상주의 의식구조를 빨리 벗어나야 하고 형이하학적인 기심機心-기계적인 마음-, 이지적, 관념적, 논리적, 분석적, 합리적인 마음을 우선 벗어나야 함을 말한다. 따라서 잊어버린다는 것은 잊어버리기 전에 획득한 것-욕망의 결과물-을 가지고 있어서는 안 된다는 것을 스스로 깨달아 초월의 단계로 넘어가는 것이라고 할 수 있다. 장자는 흔히 얘기되는 윤리적 가치를 뛰어넘으시라 말하고 싶어서 〈대종사大宗師〉편에 '반유가적 가치가 아니라, 초超유가적 가치'를 강조해 두고 있다.

이렇게 외부적인 것을 잊어버리는 것을 망외忘外 망물忘物이라 한다면, 내부적인 것을 잊는다는 것은 망내忘內 망기忘己라고 하는데. 이 단계까지 가는 것을 '좌망坐忘'이라고 쓰고 있다. 지체적인 작용, 감각 작용, 총명함, 이지적인 작용을 잊는 것 이것이 참 잊어버림-좌망坐忘-이요, 도의 길에 들어선 것이라 할 수 있다. 철학일 수밖에 없는 불학佛學용어로 지관止觀-samartha의 지止요, 정혜定慧-samadhi의 정정이요, 삼매三昧이다. 좌망에서 좌선이 비롯되었고, 신유학新儒學의 정좌靜坐가 왔다. 이제 심오한 철학의 길에서 벗어나고자 한다. 난해할 뿐이다.

15 법이 난무하면 백성들의 삶은?

중국 역사상 사상의 물줄기는 관학을 대표하는 현실주의적인 유가 儒家와 절용과 절장節葬을 내세우면서 겸애兼愛의 실천을 부르짖었던 민중사상인 묵가 墨家-사실 2천 년동안 가려졌던 사상-, 현실을 넘어선 관조와 인간 심성의 근저를 울리는 도가道家가 대표적이다. 노자와 장자를 대표하는 도가에서는 4~5세기인 위진시대에 양생과 수련의 원리가 담긴 〈황정경黃庭經〉이 나왔다. 역대 황실 중에서 도가의 영향을 가장 많이 받은 왕조는 당연 당唐나라였다. 당 제1대 고조 이연高祖 李淵-618년 개국-부터 제21대 소선제 이축李祝-918년 당 멸망-까지 290년간 200명의 공주가 있었는데 이 중 마흔여섯 명이 도가에 귀의하여 도복을 입고 사제로 생을 마감했다.

도가道家가 유행했던 당나라 때의 일화 한 토막이다.

고장姑藏 태수 장헌張憲이란 자는 가기家妓에게 구름에 떠다니는 것 같은 비단치마를 마련해주고 선녀분장을 하게 하여 풍류 넘치는 일을 맡겼는데, 맡겨진 역할마다 별도의 호칭을 붙였다. 글을 올리는 전방기傳芳妓, 술을 따르는 용진녀龍津女, 음식을 나르는 선반사仙盤使, 서신을 대신하는 묵아墨娥, 시 원고를 담당하는 쌍청자雙清子, 전문적으로 향을 사르는 가기를 사희麝姬라 부르고 각각 그 일을 맡겼다. 이들의 통칭으로는 봉과군여鳳窠群女라 해서 봉황무늬 자수가 수놓아진 옷을 입은 자들, 또는 단운대예운선團雲隊曳雲仙 즉, 구름을 모으는 무리, 구름을 끄는 무리라고 불렸다. 당시에 기녀들을 홍아紅兒, 아낭牙娘이라 불러서 마치 노리개처럼 들렸던 것에 비하면 장헌이란 자는 도가의 영향을 받아 관작 비슷한 별칭을 내려 집안은 물론 고을도 평안히 다스렸다.

"태씨기와서서 기각우우 일이기위마, 일이기위우 기지정신 기덕심진 이미시입어비인泰氏其臥徐徐 其覺于于 一以其爲馬 一以其爲牛 其知情信 其德甚眞 而未始入於非人 태씨는 누워 잘 때에는 느긋하고 깨어 있을 때는 덤덤하여 때로는 스스로 말馬이 되고 때로는 스스로 소가 되기도 한다. 그 앎은 참으로 믿음직하며 그 덕은 아주 참되다. 그는 시비의 경지에 빠져있지 않다."

장자 내편의 마지막 편인 〈응제왕편應帝王篇〉의 첫머리에 나오는 순舜임금과 태泰씨의 비교에 대한 이야기로 포의자蒲衣子-부들옷 선생-이 설결에게 전하는 대목이다. 이전에 설결齧缺-이 빠진 자-이 왕예王倪에게 네 번이나 물었을 때 그는 모른다고 했다. 그러나 포의자는 '순임금은 아직도 인仁으로 사람을 모으려 하는데 그러나 시비의 경지를 벗어나지 못한다.'고 태씨에 대해 포의자가 한 말이다. 시비是非의 경지를 따지는 것은 성인의 도가 아니라는 점을 말하고 있다.

또한, 〈응제왕편〉은 진정한 의미의 이상적 정치 지도자에 대해서 말하고 있다. 법치주의를 앞세우면 백성들의 마음이 굳어지고, 덕치를 하게 되면 결국에는 무질서하게 된다. 그래서 장자는 성제명왕聖帝明王-속으로 성인같은 완전한 자질을 갖추어 그것이 다시 밖으로 표출하는 모습-의 이상적 정치 지도자에 대해서 말하고 있다. 굳이 노자老子식으로 표현한다면 태씨는 무위의 정치, 가만히 놓아둠의 정치, 무심의 정치를 실현하는 사람으로서 '다스리지 않으면서 다스리는 사람'으로 말하고 있다.

윗글에서 왕예王倪라는 자는 정말로 잘아는 자로 설결이 깨닫기를 기대했던 자였다. 노자의 『도덕경』〈제56장〉에 "지자불언 언자부지 知者不言 言者不知 아는 사람은 말하지 않고 말하는 사람은 알지 못한다."고 했다. 참된 지도자는 『도덕경』〈제49장〉에 "성인무상심 이백성심위심星人無常心 以百姓心爲心 성인이라 함은 백성의 마음으로써 자기의 마음을 삼는다."고 했다. 사물을 있는 그대로 여실하게 보는 사람, 이런 사람이 진정한 의미의 제왕이나 지도자가 될 수 있는 사람이다.

"견오왈, 고아군인자 이기출경식의도, 인숙감불청이화제 여시왈, 시기덕야 기어치천하야 유보해착하 이사문부산야… 告我君人者 以己出經式義度, 人孰敢不聽而化諸, 輿是曰, 是欺德也 其於治天下也 猶步海鑿河 以使蚊負山也. 견오가 말하길 사람을 다스리는 이가 스스로 원칙과 표준과 의식과 규례를 만들어내면 사람이 듣고 교화되지 않을 수가 없지요, 접여가 말하길 그것은 엉터리 덕입니다. 세상을 그렇게 다스리는 것은 마치 바다 위를 걸어서 건너고 강에다 구멍을 내고 모기 등에다 산을 지우는 것입니다." 다소 엉뚱하고 충격적인 말만 하는 미친 사람 견오肩吾가 나라 다스리는 일을 말하자 접여가 법이나, 규정, 규칙이나 법도를 내세워 사람들을 후리거나 따라오게 하려는 것이야말로 엉터리 다스림이라고 말하고 있다. 이렇게 겉으로 단속하고 규제하여 나라가 잘되기를 바라는 것은… 모기더러 산을 지고 가기 바라는 것과 같다고 했다. 장자다운 일갈이다.

노자의 『도덕경』〈제57장〉에는 "천하다기휘 이민아빈 법령자창 도적다유天下多忌諱 而民彌貧 法令玆彰 盜賊多有 천하에 금기가 많으면 백성들이 가난해지고 법령이 많을수록 도둑이 많이 나온다."고 말한다. 오늘날에도 법을 앞세워 법망을 요리조리 피해 가며 온갖 악행을 저지르는 법 기술자들이 부지기수다.

사마천의 『사기』〈고조본기〉에 한漢 고조가 처음 한나라를 세울 때 약법삼장約法三章만 내세웠다는 점은 참으로 시사하는 바가 크다 하겠다. 진秦나라의 통치 이념은 법가法家 상앙商鞅이 제시했던 법이 최우선시되었던 탓에 백성들은 숱한 법의 규제로 시달리다 못해 지쳐있었던 것으로, 이를 간파한 한 고조는 백성들을 옭아매고 있던 모든 법을 폐지했다. 약법삼장은 "살인자사 상인급도저죄殺人者死 傷人及盜抵罪. 살인자는 죽이고 사람을 다치게 하거나 도둑질한 자는 죄로 다스린다."는 내용이다. 백성들을 옭아매던 모든 법령들은 모두 폐지된다.

그러므로 참된 정치 지도자는 이슬처럼 공기처럼 있는지 없는지 모르게 백성들 뒤에서 그들의 필요에 따라 자연스럽게 순리대로 다스린다. 그래서 백성들이 그 이름을 들먹이지 않고 만사 이렇게 잘되는 것이 마치 자기들 스스로 잘해서 그런 줄 알고 기뻐하도록 한다는 것이다.

『도덕경』〈제17장〉에 나오는 말은 참으로 곱씹어볼 만하다.
"신불족언 유불신언 유혜기귀언 백성개위아자연信足不焉 有不信焉悠兮其貴言 百姓皆謂我自然. (지도자에게) 신의가 부족하면 (사람들이) 불신하게 마련이고, (훌륭한 지도자는) 말을 삼가고 아낀다. (지도자가) 할 일을 다하여 모든 일이 잘되면 (사람들은) 이것이 우리에게 저절로 된 것이다."고 말한다는 것이다.

서두에 밝힌 장헌태수는 고을을 다스림에도 저토록 세심하게 주의를 기울였기에 훗날 남겨진 일화로 빛나지만 장자의 〈응제왕편〉 서두를 장식하는 글과 노자가 그의 『도덕경』 제17장에 서술하고 있는 내용은 오늘날 일국의 정치 지도자들이 곰곰이 되새겨야 할 말이라고 생각된다.

16 다듬지 않은 통나무樸가?

자무子務와 자혜子惠가 밖에 나가 놀다가 비단옷을 입은 맹인을 만났다. 자혜가 한숨을 지으며 "아, 자기 몸에 지니고 있으면서도 자기 눈으로 보지를 못하는구나."고 하자 자무가 "비단옷을 입고 밤길을 가는 자와 비교하면 어느 편이 낫겠는가?"라고 물었다. 마침내 청허선생聽虛先生께 가서 여쭈었더니 그도 손을 내저으며 "나도 모르겠다. 나도 몰라~"라고 말하였다. 장자 내편 중 마지막 장인 〈응제왕편〉의 열자와 호자와 무당의 글을 읽으면서 떠오른 실학자 연암 박지원의 멋진 산문집 『낭환집서』의 이야기가 떠올랐다.

"호자왈, 오여여기문 미기이실 이고득도여… 이이도여세항 필신부 壺子曰, 吾與汝旣文 未旣而實 而固得道與… 而以道與世亢 必信夫. 나는 너에게 도의 껍데기만 가르치고 아직 그 알맹이는 가르치지 않았다. 그런데도 너는 내가 가르치는 도중 도를 터득했다고 생각한단 말이냐? 너는 그 (알맹이 없는) 도를 가지고 세상과 겨루어 필경 세상이 너를 믿게 되리라 생각했더냐?" 못난이 같으니라고….

춘추시대 정나라에는 요즘 말로 '족집게 무당'이 살고 있었다. 그는 인간의 생사는 물론, 길흉화복을 그 날짜까지 정확히 알아맞혔다. 정나라 사람들은 그를 보면 무서워 모두 도망가기에 바빴다. 유독 열자 列子만이 무당에게 젖어 하루는 자신의 스승인 호자를 만나 "스승의 도가 지극한 줄을 알았었는데 무당의 도술이 한 수 위이고 훌륭하다." 라고 아뢰자 위의 말은 그의 스승 호자壺子가 한 말이다. 나무라는 말을 하는 여기에서의 호자壺子는 장자 자신을 가리킨다.

다음날 호자, 열자, 무당이 함께 만났다. 한참 후 밖에 나온 무당이 열자에게 이르기를 '아, 당신의 선생이 열흘 안에 죽게 되었소, 물에 젖은 재恢의 상이었소.' 이 말을 들은 열자는 스승에게 찾아가 무당의 말을 아뢰자, '분명 나에게서 도道의 움직임이 막힌 것을 조금 보았을 것이다. 이리로 데려와 보거라.' 사실 호자는, 장자 내편 여섯 번째에 나오는 진인眞人들처럼 발뒤꿈치로 숨을 쉬었기 때문에 타인에게는 숨을 쉬지 않는 것처럼 보였던 것이다.

다음날 호자를 비롯한 세 사람은 다시 만났다. 밖으로 나온 무당이 열자에게 "다행히 당신의 선생이 나를 만나 병을 고쳤습니다. 그에게서 막혔던 것이 트인 것을 보았소." 무당들이 사람들에게 잘되는 일이 생기면 그것이 모두 자기들 덕이라고 공치사하는 버릇은 예나 지금이나 변함이 없었던 모양이다. 그나마 질 나쁜 무당을 만나면 무슨무슨 살煞이 끼었으니 굿을 해야 한다고 속여 많은 돈을 요구하는 세태이다.

호자의 요청으로 다음 날에도 세 사람은 만났다. 밖으로 나온 무당은 열자에게 "당신네 선생은 일정하지가 않소, 나는 이제 도저히 관상을 볼 수가 없소, 일정해지거든 다시 한번 보기로 하겠소." 이 내용을 열자가 스승에게 아뢰자 "분명 나에게서 불균형한 기氣의 움직임을 보았을 것이다. 빙빙 돌아 모이는 물도 못淵이고, 괴어있는 물도 못이고, 흐르는 물도 못이다." 호자는 태극太極과 태허太虛에서 음양으로 균형 있게 기氣가 혼용되어 있음을 보여주었던 것이다.

『도덕경』 제40장에 "반자도지동 약자도지용 천하만물생어유 유생어무反者道之動 弱者道之用 天下萬物生於有 有生於無. 돌아감은 도의 움직임이요, 약함은 도의 작용이다. 천하만물은 유에서 비롯되고 유는 무에서 생겨난다."고 했다.

"우여지견호자 입미정 자실이주又與之見壺子 立未定 自失而走. 넷째 날 호자와 만난 무당은 채 자리도 잡기 전에 얼이 빠져 달아나 버렸다." 범접하기 무서운 상대를 만났던 것이다. "오여지허이위사 부지기수하 인이위제미, 인이위파류 고도야吾與之虛而委蛇 不知其誰何 因以爲弟靡, 因以爲波流 故逃也. 나는 근원 속에 나를 비워 사물의 변화에 순순히 따라 바람 부는 대로 물결치는 대로 흘렀지. 그래서 그가 달아난 것이다." 호자가 열자에게 마지막으로 건넨 말이다.

태극보다 먼저인 무극無極 혹은 아직 미분화된 상태, 모든 것의 근본, 바로 이런 경지가 막힘이나 걸림이 없는 '자유의 경지'이다. 보통 사람들에게는 '무서운 것'이다. 스위스 종교학자 루돌프 오토Rudolf Otto는 거룩한 것에 대한 인간의 경험을 '엄청나면서도 매혹적인 신비'라고 표현한다. 성경 시편 139:7~8에 "내가 주의 신을 떠나 어디로 가며 주의 앞에서 어디로 피하리이까, 내가 하늘에 올라갈지라도 거기 계시며 음부에 내 자리를 펼지라도 거기에 계시나이다."

"후연열자 자이위미시학이귀…어사무여친 조탁복박後然列子 自以爲未始學而歸…於事無與親 彫琢復樸 그 후 열자는 자기의 배움이 시작조차 안 되었음을 깨닫고 집으로 돌아가 깎고 다듬는 일을 버리고 다듬지 않은 통나무로 살았다." 열자의 이러한 깨달음 자체가 배움의 지극한 경지에 이르렀음을 의미한다.

남녀를 구분하고 인간과 동물을 차별하고 호인과 불호인을 가르는 일체의 이분법적 세계관을 초월했다는 의미이다. 깎고 다듬는 '인위의 세계'에서 자연 그대로를 받아들이는 '다듬지 않은 통나무樸'의 세계로 들어간 것이다. 장자가 말한 통나무에 대해서 일찍이 노자는 그의 도덕경 제19장에 "견소포박見素抱樸"이라 하여 '바탕을 드러내고 소박함을 지녀야 한다.'고 했다.
또한 제32장에는 "도상무명 박수소 천하막능신야道常無名 樸雖小 天下莫能臣也 도는 영원히 이름이 없으니, 통나무가 비록 작을지라도 천하의 누구도 감히 신하로 부리지 못한다."고 했다.

노자가 함곡관 밖으로 사라진 지 1천3백 년 후, 당唐 시인 백거이는 노자를 심하게 비판했었다. 그럼에도 그의 칠언절구 시 한 편을 읽다

보면, 도에 관해서만큼은 어느 정도 통하고 있었음을 엿볼 수 있다.

'지견화광소윤옥/불문풍랑복허주/명위공기무다취/이시신재합소구
只見火光燒潤屋/不聞風浪覆虛舟/名爲公器無多取/利是身災合少求-불
씨가 윤기 흐르는 집 태우는 건 봤어도/텅 빈 배 풍랑이 뒤집었단 소
문 못 들었네/명성이란 공유물이니 취할 것이 없고/이익은 일신의 재
앙이니 적게 구함이 맞네-'

17 진정한 앎의 출발점은?

동양사상을 대표하는 것이 유가, 도가, 묵가墨家다. 유가를 따르는 무리를 유자 儒者라 한다. 단지 도道를 말하는 무리는 그냥 도가라 한다. 유자가 익힌 것은 모두 당시 귀족계층이 대대로 지키던 이전의 법칙이었다. 반면, 묵자는 예약을 비판하고 실질을 숭상하며 생활은 매우 검소했다. 그들의 행동은 한결같이 힘든 죄수의 고난에 찬 생활을 표준으로 삼았다. 유자들은 이를 조롱하여 "이것은 우리 선왕 문무주공이 전한 도가 아니다."고 했다. 이에 묵가 무리들은 "이는 옛날 우왕禹王의 도리이다."고 맞섰다. 「회남자」를 지은 유안劉安은 묵가 학설의 시발점을 주周나라 보다 앞선 하夏나라 정치의 부활로 보았다. 주나라의 도를 등지고 하나라 정치를 채택한 묵자의 빛나는 점은 위험을 무릅쓰고 인류에 행복을 가져다준 우왕의 실천정신과 인격적 역량을 발굴하고 선양했다는 점이다.

묵자, 그는 춘추시대(BC 770~BC 403) 당시 노나라와 제나라 사이 조그만 제후국 정鄭나라 사람이다. 그의 〈겸애상〉에 "남을 사랑하는 것은 자신을 사랑하는 것과 같으니, 어디에 불효한 자가 있겠는가?"
라고 써있다. 즉 개인이 모든 사람을 사랑하듯 사랑한다면 효의 대상
인 부모는 당연히 그 가운데 포함된다는 말이다. 굳이 효에 관해서 따
로 말을 만들어 교육시킬 필요가 있겠는가? 라고 유가를 비판한 것이
다. 반면 장자는 남을 사랑하는 것과 자신을 사랑하는 것을 대립된 관
점에서 바라보았기 때문에 세상 사람들이 감당할 수 없다고 여긴 듯
하다. 선진 제자백가 중 많은 무리가 묵가의 겸애를 이러한 시각으로
보았다.

실제로도 오늘부터 들여다보게 되는 『장자』의 〈외편 33편 2-천하〉
에 묵자의 겸애에 대해 장자는 말한다. "…그들의 도는 너무 각별해
사람을 근심스럽게 하고 슬프게 하기 때문에 행하기 어려운 것이다…
온 세상 사람의 마음과 반대되는 것이므로 묵자가 감당해 낼 수 있더
라도 세상 사람들은 어찌한단 말인가? 기도대곡 사인우 기행난위야.
공기불가이위성인지도 반천하지심 묵자 수독능임 내천하하 其道大觳
使人憂 其行難爲也. 恐其不可以爲聖人之道 反天下之心 墨子 雖獨能任
奈天下何?"

『장자』 내편 첫 번째 〈소요유편〉에서부터 일곱 번째 〈응제왕편〉까
지 필자의 시선이 갔던 장들 위주로 열여섯 회에 걸쳐 연재물이 그동
안 축약되어 썼다.

오늘부터 들어가는 외편과 잡편에서의 중요한 편 수는 32편이다.
『장자』에 대한 일반 대중들의 폭발적인 관심을 일으킨 한양대 모 교

수가 엮은 『학의 다리가 길다고 자르지 마라』라는 저서는 사실 외편의 첫 구절을 인용한 것이었다. 장자 학자들은 외·잡편을 장자 후학들이 확대 부연하거나 자기들 나름으로 새로운 생각을 덧붙인 것으로 본다. 외편 15편은 〈제8변무弁拇〉에서 〈제22지북유知北遊〉까지 14편, 잡편은 〈제23경상초庚桑楚〉에서 〈제33천하天下〉까지 11편으로 각편마다 수 개의 절節로 이루어져 있다.

현대 중국 장자 철학자 리우샤오간劉笑敢(1947~)은 내편에 나타난 것과 같이 장자의 사상을 계승하고 천명하는데 힘쓴 술장파述莊派들의 글-17편~27편, 33편-과 현실의 정치체계나 윤리 체계 등을 완전히 부정하여 공자나 유가들을 신랄하게 공격한 무군파無君派들의 글-8~11편, 28~31편-, 도가의 사상에다 유가나 법가의 사상을 절충, 일종의 치세술로 바꾸려 한 황로파 黃老 派의 글-12~16편, 33편-로 구분하였다.

〈내편〉과 〈외·잡편〉의 차이점을 보면, 먼저 내편은 각 편의 기본 내용을 요약한 석 자를 골라 제목을 달았고, 장자에 대해서는 장주莊周라는 본명을 썼다. 또한 노자의 도덕경을 직접 인용하지 않았고 도, 덕, 성, 명, 정, 신등의 글자를 따로 썼다.

덧붙여서 〈외·잡편〉은 각 편 초두의 두 글자나 세 글자를 따서 제목을 삼았고 장주 대신에 장자莊子라는 존칭을 썼다. 또한 도덕경을 많이 인용했고 도덕, 성명性命, 정신 등의 복합어가 많다. 내용면에서는 〈내편〉보다 〈외·잡편〉이 다소 떨어진다고 할 수 있다.

서두인 〈변무弁拇〉이다. "부경수단 속지즉우 학경수장 단지즉비 鳬脛雖斷 續之則憂 鶴脛雖長 斷之則悲. 오리 다리가 짧다 하여 연결해 주더라도 매우 괴로운 일이고, 학의 다리가 길다고 잘라 주어도 이는 아픔이 따른다."는 말이다. 이 글은 유가의 윤리체계를 철저히 배격하는 무군파無君波들이 쓴 것으로 보이나 장자의 생각과는 더러 차이가 있다 하겠다. 오리 다리를 늘리거나 학의 다리를 자르는 것처럼 본성에 어긋나는 일을 하면 괴로움과 슬픔이 따르는 법. 사람들에게 유가에서 중시하는 인의를 가르치는 것도 사람들의 본성에 어긋나는 일을 강요하는 것이기 때문에 괴로움과 슬픔을 가져올 뿐이라는 것이다.

이처럼 공자를 비난한 부분 때문에 공자를 숭상했던 조선에서는 500년 동안 장자를 무시하고 배척했다. 결국 조선에 떠돈 장자연구서로는 박세당(1629~1703)의 『남화경주』와 한원진(1682~1751)의 『장자변해』, 북송 임회일의 저서에 토를 붙인 『현토구해남화진경』 등 딱 세 권뿐이다. 그것도 〈내편〉을 본격적으로 문제삼은 거작巨作이라는 한원진의 저술마저 장자사상을 이해하고 수용하려는 것이 아니라, 오히려 비판하고 반격하기 위한 것이었다. 이는 주자학의 세상에서 헤어 나오지 못하고 있던 조선 사상사의 빈곤을 드러내는 것이라고 여겨진다.

〈추수秋水 17:1〉편이다. "추수시지 백천관하 경류지대…하백흔연자희 이천하지미위진재기… 지어북해 동면이시 부견수단…망양향약 이탄왈 야언유지 왈문도 백이위막기약자 아지위야 秋水時至 百川灌

河 涇流之大… 河伯欣然自喜 以天下之美爲盡在己…至於北海 東面而視
不見水端…望洋向若而嘆曰 野言有之 曰聞道 百以爲莫己若者 我之謂也.
가을에 큰 물이 나서 여러 강물이 황하로 흘러 들었습니다. 황하의 신
하백이 흐뭇해하며 자기가 세상의 모든 아름다움을 독차지했다고 기
뻐했습니다. 마침내 북해에 다다라서 동쪽을 보니 끝이 보이지 않았
습니다. 북해渤海의 신 약若을 보고 탄식하며 말했습니다.-옛말에 도
에 대해 백 번을 들으면 저보다 나은 이가 없는 줄 안다-고 한 말이 바
로 저를 두고 한 말이었군요."

〈소요유逍遙遊〉편에 나오는 매미나 새끼 비둘기처럼 지금까지 자신
이 최고라고 생각하며 살아온 하백이 눈을 번쩍 뜨고 망망대해渤海를
다스리는 약若에 비하면 자신이 아무것도 아님을 깨달은 것이다. 자
신의 무지를 아는 것은 위대한 앎으로, 모든 앎의 출발점이다. 하백이
이렇게 겸허하고 개방적인 자세를 지닐 때 북해의 신은 그를 받아들
이고 대화 상대로 대해 주었다.

우리들은 어떻게 하는가, 아직도 우물 속의 개구리井底之蝸의 생각
에서 벗어나지 못하고 자기 착각에 빠져 사는 사람들이 허다한 세상
이다. 그 개구리에게는 우물 속이 낙원인 것이다. 오죽했으면 남대문
문턱이 참나무로 만들어졌다고 우기는 시골 사람과 아예 문턱이 없다
고 우기는 예화에서 우리들만이라도 어떤 자세로 살아가야 하는 지를
암시하고 있다.

18 우물 안의 개구리가?

필자의 열한 번째 글에도 언급한 인물이다. 중국 청왕조 건륭제(1735~1795)때 파격적인 화풍으로 이름을 날렸던 양주팔괴楊州八怪 중 한 사람인 정판교鄭板橋(1693~1765)는 시·서예·그림에 뛰어난 재능을 지녀서 삼절三絶로 일컬어진 걸출한 존재였다. 그가 산동성 범현范縣의 현령으로 재직 시 내린 명판결 내용을 다시 보자.

"소 두 마리가 싸우다 한 마리가 죽었다. 죽은 소의 주인은 손해배상을 요구하고 다른 쪽은 소들이 멋대로 싸우다 죽었으므로 배상책임이 없다고 주장했다. 현청의 동헌 앞에까지 오게 된 그들의 이야기를 잠자코 듣고 있던 현령 정판교는 '활우공사 사우공박活牛共使 死牛共剝하라'는 판결을 내린다. 즉 살아있는 소는 함께 사용하고, 죽은 소는 공동으로 가죽을 벗겨서 쓰라는 말이다." 솔로몬의 명판결과 흡사하다.

잡편 〈추수秋水 17:2〉편의 주요 내용인 '정저지와井底之蛙-우물 안 개구리-'를 말하기에 앞서 정판교의 명판결 내용을 먼저 기술한 이유는 사람들이 흔히 자신만의 입장에서 상대방을 이해하려 드는 실수를 제발 한 발짝 물러서서 냉정히 보자는 의도에서이다.

"정와불가이어어해자 구어허야… 곡사불가이어어도자 속어교야. 井䵷不可以語於海者 拘於虛也… 曲士不可以語於道者 束於敎也. 우물 안 개구리에게는 바다를 이야기할 수 없다. 한 곳에 갇혀 있기 때문이다… 마음이 굽은 선비에게 도道를 이야기 할 수 없다. 한 가지 가르침에 얽매여 살아가기 때문이다."

이 문단이 그 유명한 '우물 안 개구리' 이야기 출처이다. 〈추수 17:4〉에도 보이지만 우물 안 개구리는 물론 매미나 새끼비둘기, 버섯이나 메뚜기처럼 앎의 한계가 있으면서도 그것에 만족하거나 모르는 사람을 빗댄 것이다. 이어서 "자네는 무너진 우물 안 개구리 이야기를 들어 보지 못했나?" 개구리가 동해에서 온 자라에게 또 건네는 말이다. "오락여 오도양호정간지상, 입휴결추지애…. 吾樂與 吾跳梁乎井間之上 入休缺甃之涯…. 나는 여기가 좋으이, 밖으로 나가면 난간에서 뛰놀고, 안으로 들어오면 벽돌 빠져나간 구멍 끝에서 쉬네." 이번엔 자라가 대답한다.

"고지해왈 부천리지원 부족이거기대 천인지고 부족이극기심…차역동해지락야 告之海曰 夫千里之遠 不足以擧其大 千仞之高 不足以極其深…此亦東海之樂也. 그 바다에 대해 말할 것 같으면 대저 천 리 거리로도 그 크기를 말할 수 없고, 천 길 길이로도 그 깊이를 말할 수 없네…(시간이 길거나 짧다고 변하지 않고, 비가 많거나 적다고 불어나지 않고

90

줄어드는 일이 없는 것) 이것이 동해의 큰 즐거움이라네."

사실 개구리는 우물 안으로 들어와 내 즐거움을 자네도 누려봄이 어떻겠냐?는 권유에 자라가 왼발을 넣고 오른쪽 무릎을 넣기도 전에 좁은 벽돌 빠진 틈에 걸려들어 갈 수 없게 되자, 자라가 저처럼 동해에 대해서 말했던 것이다. 비근한 예로써 아전인수我田引水에 관한 우스갯소리가 있다.

성경 창세기 앞부분에 나오는 지상낙원에서 벌어진 사건을 두고 프랑스 사람들은 그것이 프랑스에서 나온 것이라 했다. 과일 하나를 두고 아담과 하와가 속삭이는 사랑을 묘사했기 때문이란다. 영국 사람들은 아담이 의연하게 하와와 함께 죽기로 결심한 '신사도'를 볼 때 영국에서 비롯된 이야기라고 한다. 물론 십수 년 전 이야기지만 혹자는 지상낙원에서 생긴 일을 두고 북한 이야기라고 한다. '입을 것이 없어 벌거벗고, 먹을 것이라고는 과일(?)밖에 없으면서도 그곳이 '지상낙원'인 줄 알고 있기 때문이란다.

궁극적으로 우물 안 개구리 이야기가 우리 눈에 보이는 현상 세계만이 유일한 실재요, 그 이상의 세계와 가치는 존재하지 않는다고 믿는 인간들의 처지를 두고 한 말이다. 좁게 생각하면 자신이 추구하는 가치, 자신이 속한 정당, 자신이 신봉하는 사상, 종교만이 최고의 진리라고 주장하며 타인을 배척하는 자들을 두고 한 말일 수 있다. 이렇듯 자기 것만이 유일한 무엇이라고 믿는 것까지는 자유이지만 그런 한정적 확신 때문에 드넓은 바다처럼 나름 가치체계가 정립되어 있는 세상을 간과하게 되는 우愚를 범하게 된다는 것이다. 그래도 여기 〈추수편〉에 나오는 우물 안 개구리는 요즘 언론에 회자 되고 있는 태극기 부대(?)처럼 배타적 국수주의자들이나 이데올로기의 노예가 된 열성 당원이나 광신적인 교도들보다는 훨씬 나았던 모양이다.

동해-우리나라 서해-에서 온 자라의 말을 듣고 난 후의 반응을 보자.

"어시함정지와문지 적적연경 규규연자실. 於是陷井之鼃聞之 適適然驚 規規適然自失-우물 안 개구리가 이 말을 듣고 아주 얼이 빠져 버렸다."는 말은 우물 안 개구리가 여태까지 '당연한' 것으로 여기던 세상을 초월한 엄청난 신비이기도 했지만 그 말을 듣고 열린 마음을 갖기 시작했던 것을 엿볼 수 있다. 마치 〈추수 17:1〉에 나오는 하백이 북해의 신 약若을 만나 고백하는 광경을 연상하게 한다.

비근한 예일지 모르지만 17C~18C 조선과 일본의 삶을 들여다보면 자신들의 도그마가 얼마나 많은 폐해를 가져다주는지 알 수 있다. 재일교포 3세로 동경에서 태어난 저자가 국내 대학에서 학위를 받은 후 쓴 저서 『선비, 사무라이 세계를 보다』라는 책에 나온 내용이다.

임진·정유난을 겪은 후 일본에 조선통신사가 드나들던 시기의 이야기이다. 도요토미가 일으킨 전란이 끝나고 조선에서는 포로 송환과 전쟁 재발 방지 목적으로 1604년부터 1861년 대마도 사행까지 260여 년간 지속되어 온 통신사 행렬은 어느 누구랄 것도 없이 성리학에 붙들린 조선의 지도 세력들이었다. 당시 일본 에도막부의 도쿠가와에게-마음껏 헤엄치는 자라에게- 우물 안 개구리의 생각인 성리학을 주입하려 했던 것이다. 실학자들의 주장마저 묵살했던 그 후의 조선이 겪게 되는 최후의 결과에 대해서는 독자들의 역사 지식에 맡긴다.

도쿠가와 막부德川 幕府는 양대 전란 중 끌려 온 조선 도공들의 손을 빌려 도자기를 자체 개발한다. 인도네시아를 식민지 삼아 일본과 교역을 활발히 했던 네덜란드는 일본 제품을 유럽에 소개하고 판매하는 중재자 역할을 감당했다. 물론 일본에 막대한 이익을 선사한다. 막부에서는 1633년 쇄국정책을 펼쳐 서양종교의 유입을 금지하고, 나가사키 항구 앞 해상에 인공섬을 조성 네덜란드 무역상으로 하여금 거주하게 하여 무역활동을 활발하게 진행한다. 중국과 동남아시아 여러 항구와도 자국의 무역을 끊임없이 실행한다. 이는 그들이 세계로 이미 눈을 돌려 국부를 늘려가는 실리정책을 취하고 있었다는 반증이다.

당시 일본 학풍을 주관했던 무리는 오구우쇼라이荻生徂徠와 그의 문하생들이었다. 그들은 맹자 이후의 유학자는 물론 주자학을 비판했다. 그들이 학문하는 목적은 안민을 실행하기 위한 방법에 두었다. '무슨 종교를 믿든 개인 도덕을 숭상하든 간에 나라를 잘 다스려 백성들이 편안하면 그것으로 족하다.'는 견해였다. 백성들로부터 추앙받던 그들의 요구를 막부정권의 실세들이 충실하게 이행했다. 당연히 나라가 부유하게 되었다. 그들은 한 걸음 더 나아가 조선통신사들에게 '세계에는 수많은 나라가 각기 다른 방식으로 나라를 잘 다스리고 있는데도, 오직 중국만을 숭상하는 것은 세계의 다양성을 모르는 협애한 생각이다.'고 일갈했다.

조선통신사들은 일본의 권부에서 서민에 이르기까지 그들의 부요함
에 놀라면서도 오직 주자학性理學이라는 우물에 갇혀 있었다. 양반과
상놈이라는 반상의식, 진문과 언문이라는 문자의 차별, 기득권 세력
은 조금 넉넉했을지 모르나 하층민들의 삶은 이를 데 없이 가난한 형
편이었다. 예를 들면 1763년 계미사행시 서기로 발탁되어 사행길에
나선 원중거(1719~1790)의 기록이다. 그는 사행 후『승사록乘槎錄』이
라는 기록물을 남기기도 했다. 그는 사행 이전부터 일본에 반주자학
열풍이 성행함을 알고 있었다. 주자학에 반대하는 무리를 주자학으로
인도하는 것이야말로 자신의 사명이라고 생각했다는 기록이 보인다.

노자『도덕경』제64장 서두에 "기안이지 기미조이모, 기취이반 기
미이산其安易持 其未兆易謀, 其脆易泮 其微易散. 그 안정된 것은 유지
하기 쉽고 그 징조가 나타나지 않는 것은 도모하기 쉽다. 그 연약한
것은 깨트리기 쉽고 그 미미한 것은 흩어버리기 쉽다."고 했다. 타인
이 일러주기 전까지는 자신의 습관과 생각은 유지하기 쉬운 것이다.
거기에서 새로운 것을 도모하기는 열린 마음이 되었을 때 가능한 일
이다. 〈추수편〉에 나오는 우물 안의 개구리를 통해 장자는 눈을 크게
뜨라고 외치고 싶은 것이다. 연약한 것은 바로 우리들이 붙잡고 있는
자신만의 이데올로기일 수 있다. 미미한 것은 우리들이 흩어버리고
일어섰을 때 발 아래 보이는 과거의 내 만족과 안위가 내 아집이었다
는 것을 발견하게 된다. 징조가 일어나지 않는 것은 한 단계의 도약을
바라는 타인과 자신의 영험을 나타낸다고 할 수 있다.

당唐 시에도 '산우욕래풍만루山雨欲來風滿樓-산에 비가 오려나 바람이 누각 안에 가득하네./만목무성지우래 萬木無聲知雨來-온 나무에 소리가 없으니 비 올 줄 아네.'라고 했다. 이러한 영험함을 느끼는 것은 귀를 열고 마음을 열 때 찾아오는 그 무엇이라고 할 수 있다.

　명나라 말의 문인 원굉도袁宏道(1568~1610)가 세상을 뜨기 한 해 전인 1609년 중국 화산을 유람하고 지은 글인『화숭유초華嵩遊草』여행기록은 조선의 실학자 연암 박지원이 지은『열하일기』중 〈일야구도하기〉의 감각 경험과 유사한 여행 관련 동아시아 고전여행 기록문 중 한 편이다. 연암은 〈일야구도하기〉 말미에 '몸 가지는 데 교묘하고 스스로 총명한 것을 자신하는 자'에게 경고하고 있다. '소리와 빛은 외물이니 외물이 항상 이목에 장애를 주게 되어 사람으로 하여금 똑바로 보고 듣는 것을 잃게 하거늘, 하물며 인생이 세상을 지나는데 그 험하고 위태로운 것이 강물 보다 심하고 보고 듣는 것이 병이 되는 것임에랴…'의식의 명징성을 확보하려고 사색한 내용이다. 보고 듣는 것도 제대로 된 것을 보고 들으라는 말일 터이다.

　원굉도의 기행문『화숭유초』속에 쓰인 〈난정기〉라는 글에 "유독 용렬한 자와 속된 자는 권세와 이익에서 쾌락을 찾는 통에 눈앞에 죽음이 있음을 믿지 않으며, 썩은 유학자는 도리에 갇혀서 '죽음은 죽음일 따름이니, 뭐 두려워 할 것이 있는가.'라고 말한다. 이것은 그 사람들이 모두 극렬히 용렬하여 언급할 가치조차 없는 자들이다. 무릇 몽장夢莊-장자-는 달사達士이지만, 산을 숨긴다藏山는 말로 비유했고 니부尼父-공자-는 성인이지만 흘러가는 물을 보고 탄식을 일으키셨다. 죽음이 만일 두려워할 만한 것이 아니라면 성현도 어찌 듣는 일을 귀하게 여겼겠는가?"라고 써있다. 진정으로 열린 눈과 귀를 소유할 때 나의 흠을 발견하게 된다는 것이다.

노자 『도덕경』 제41장 중반에 "…고물혹손지이익 혹익지이손…故物或損之而益 或益之而損 …그것을 덜어내면 더해지고 더하면 줄어들게 마련이다."는 말이다. 덜어내지 않고 닫아둔 채 더하려고만 한다면 욕심의 단계로 진입하게 된다. 나를 열어젖힐 때 덜어지는 것이다. 이것을 일컬어 평담平淡이라 했다. 세상에서 가장 귀한 가치이다. 마치 누에고치를 뚫고 세상을 향해 나오는 누에나방처럼 전혀 새로운 미래를 준비하게 되는 것이다.

19 정처를 잃은 생명력은?

'젊어서부터 속세에 어울리는 취향 없었고/본시 산과 언덕을 좋아했었네/먼지 그물 같은 관계官界에 떨어져/어언 30년 허송했었네/매인 새는 숲을 그리워하고/웅덩이 물고기는 옛 연못을 그리워하는 법/남쪽 들녘에 거친 땅을 일구고/졸박함을 지키려 전원으로 돌아왔네.-소무적속운/성본애구산/오락진망중/일거삼십년/기조연구림/지어사고연/개황남야제/수졸귀원전小無適俗韻/性本愛邱山/誤落盡網中/一去三十年/羈鳥戀舊林/池魚思故淵/開荒南野際/守拙歸園田-'

위·촉·오 삼국시대가 끝나고 사마염이 세운 동진東晉의 운명이 풍전등화였던 시기, 심양군-오늘의 성省-의 팽택현감으로 재직 중 과감히 사표를 내던지고 고향으로 돌아와 썼던 도연명陶淵明(365~427)의 「귀원전거歸園田居」라는 시 앞부분이다. 무엇이 그에게 사표를 던지게 했을까? 남조의 「송서」, 「진서」에 그 연유를 이렇게 기록하고 있다. 당시에는 각 군마다 두세 명의 독우督郵라는 관직을 두었는데 그들은 '지방의 풍속과 법률 위반사항 등을 조사, 감찰하는 임무'를 맡고 있었다.

어느 날 군청의 독우가 팽택현에 온다는 전갈을 받고 현의 이속吏屬들이 현령인 도연명에게 '관복을 입고 예를 다하여 맞이해야 한다'고 전하자, 잠시 생각에 잠긴 도연명은 '쌀 다섯 말 봉록 때문에 시골 소인에게 허리 굽힐 수 없다.' 하고 바로 사표를 내던지고 고향인 여산廬山으로 돌아갔다.

사람이 영예를 추구하는 일이 잘못된 것일까? 순자荀子(BC 300~230)는 영욕이야말로 주周 성왕이 내세운 기본 원칙이라 하였다. 그는 영과 욕을 의영義榮, 세영勢榮, 의욕義辱, 세욕勢辱으로 구분 지었다. 의영과 의욕은 자신의 언행으로 인한 영과 욕이고, 세영과 세욕은 외부 조건에 의한 영과 욕이다. 세영勢榮은 군자라도 피할 수 없을 때가 있지만, 의욕義辱은 소인에게만 해당된다. 다만 소인의 세영과 군자의 세영을 가르는 기준이 있다. 부끄러움과 당당함이 그것이다.

소인은 부끄러운 줄 모르고 수단과 방법을 가리지 않았기에 그렇게 얻은 세영을 등에 없고 떵떵거리면서도 끝내 당당할 수 없다. 군자는 부끄러움을 알아서 할 일과 하지 말아야 할 일을 분별하였기에 그렇게 얻은 세영을 당당하게 누릴 수 있다고 했다.

도연명보다 무려 600여 년 전 장자가 남긴 잡편 〈추수 17:16〉에 스스로 초야에 묻혀서 자신을 지키며 살겠다는 글이 있다. 이 글은 필자의 열두 번째 글에도 잠시 언급했었다.

"장자조어복수 초왕사대부이인왕 선언왈 원이경내누의莊子釣魚濮水 楚王 使大夫二人往 先焉曰 '願以竟內累矣' 장자가 복수가에서 낚시를 하고 있는데 초나라 임금이 대부 두 사람을 보내 자신의 뜻을 전했다. '원컨대 나랏일을 맡아 주십시오."라고 말하자, "장자지간부고왈 오문초유신귀 사이삼천세의 왕건사장지묘당지상 차귀자 영기사위 유골이귀호 영기생이예미도중호莊子持竿不顧曰 吾聞楚有神龜 死己三千歲矣 王巾笥藏之廟堂之上 此龜者 寧其死爲 留骨而貴乎 寧其生而曳尾塗中乎 장자는 낚싯대를 쥔 채 돌아보지도 않고 대답한다. 듣는 바로는 초나라에 죽은 지 삼천 년이나 되는 거북이가 있다는데, 왕께서 그것을 비단으로 싸서 대바구니에 넣어 묘당 위에 잘 모셔두었다 하더군요. 이 거북이 죽어서 뼈를 남겨 귀히 여기기를 바랐을까요. 살아서 진흙에 꼬리를 끌고 다니고 싶었을까요."

"이인대부왈 영생이예미도중二人大夫曰 寧生而曳尾塗中 두 대부가 말하길 살아서 진흙에 꼬리를 끌고 다니고 싶었겠지요.""장자왈, 왕의 오장예미어도중莊子曰 往矣 吾將曳尾於塗中 장자가 말하길 돌아가시오, 나도 진흙에 꼬리를 끌고 다니겠소."

다른 군주가 장자를 초치하고자 했을 때도 장자는 말하고 있다. 잡편 〈열어구列御寇 32:14〉에 나오는 '희우우화犧牛寓話'가 그것이다. "견부희우호 의이문수 식이추숙 급기견이입어태묘 수욕위고독 기가득호見夫犧牛乎 衣以文繡 食而芻菽 及其牽而入於太廟 雖欲爲孤犢 其可得乎. 그대여, 제사 때 희생으로 쓰이는 소를 보게나, 아름답게 수놓은 비단옷을 입고, 늘 맛있는 꼴을 먹으며 소중하게 다루어지다가 조상의 사당 앞에 끌려가 희생으로 쓰일 때가 되어서 그저 평범한 송아지처럼 되고 싶어도 이미 그렇게 될 수가 없다네."

노자의 『도덕경』 제13장에 "…총욕약경 귀대환약신…. 고귀이신위천하 약가기천하 애이신위천하 약가탁천하…. 寵辱若驚 貴大患若身…. 故貴以身爲天下 若可寄天下 愛以身 爲天下 若可托天下…. 영화와 굴욕을 놀라는 것같이 하고, 큰 근심을 귀하게 여기기를 자기 몸같이 하라…. 그러므로 몸을 귀하게 여겨 천하를 다스린다면 천하를 맡길 수 있다. 몸을 사랑하여 천하를 다스린다면 천하를 맡길 수 있다." 그러므로 '부귀하더라도 그것을 길러 몸을 상하게 하지 말고, 빈한하여도 이로움으로써 몸을 얽매이지 말라. 수부귀불이양상신, 수빈천불이이누형 雖富貴不以養傷身, 雖貧賤不以 利累形 하라.'는 말이 이어진다. 참으로 기막힌 말을 쏟아내고 있다.

「초사楚辭, 이소離騷」로 유명한 굴원屈原(BC 343~278)은 초나라 공족이었다. '내가 듣기로 머리를 감은 사람은 갓의 먼지를 털어 쓰는 사람이고, 몸을 씻은 사람은 옷의 먼지를 털어서 입는 법, 어찌 깨끗한 몸으로 오물을 뒤집어쓴단 말이냐, 차라리 상강湘江에 뛰어들어 고기밥이 되는 게 낫다.'고 말한 뒤 상강의 지류인 멱라수에 투신해 유명을 달리했다. 생명의 유일한 운동 원리가 자기 종속인데 이는 자유로운 여건하에서만 가능한 것이다. 굴원이 택한 자유로운 여건은 죽음 너머에 있다고 여겨졌는지 모를 일이다. 개인의 의지도 중요하지만 그 개인이 처한 사회적 조건도 매우 중요하다고 하겠다. 더욱이 억지로 짜 맞춘 수사로 잠재적 피의자를 범인으로 몰아 그에게 극단적인 선택을 하게 만드는 작금의 세태를 보는 듯하다.

장자가 제도권 내에 들어가서 자신의 의지와는 반대되는 결정을 따라야 할 때를 가장 두려워했다고 읽혀질 수도 있는 '영생예미도중寧生曳尾塗中'의 가르침은, "순수한 마음이 없으면, 생명력은 정처定處를 잃는다."는 말이 연상된다.

역사의 기술에 대한 선인들의 혜안이다. 목불견첩目不見睫이란 말이 있다. 자기 눈으로 자기 눈썹을 못 본다. 자신의 잘못은 못 보고 남의 흠결만 본다. 역사의 기록도 마찬가지로 엄정하고 가치중립적이어야 한다.

「춘추좌씨전春秋左氏傳」을 지은 두예杜預(222~285)가 춘추를 기술하는 데 필요한 태도 〈오례五禮〉를 기록해두었다. 이른바 춘추-역사-필법이다.

①미묘하게 하되 분명하게 한다.(미이현微而顯)
②뜻을 분명히 하되 함부로 드러내지 않는다.(지이회志而晦)
③완곡하게 하되 조리가 서게 한다.(완이성장 婉而成章)
④빠짐없이 기록하되 남의 명예를 손상하지 않게 한다.(진이불오盡而不汚)
⑤악을 경계하고 선을 권장한다.(징악이권선 懲惡而勸善)

20 권력을 가진 자들의 자세는?

중국 역대 왕조 가운데 혹독한 혹리酷吏를 앞세워 황권을 지키기 위해 특별한 직무를 부여하고 그를 수행했던 왕이 당나라와 명나라에 보인다.

당唐의 측천무후則天武后(625~705)는 자신의 남편인 당나라 제3대 고종 이치李治(628~683)에게서 중요 권한을 빼앗았다. 그녀는 고종의 선왕인 당태종의 궁녀였으나 태종이 붕어崩御하자 승려가 되었다가 고종의 눈에 들어 궁궐에 들어와 후궁이 된다. 그녀는 온갖 책략으로 황후의 자리에 오른 입지전적인 인물이기도 하다. 고종이 말년에 병이 들어 섭정을 시작한 그녀는 친아들 중종과 예종을 꼭두각시로 세워두고 극악무도한 황권을 휘두르다가 예종을 폐위시킨 690년, 그녀의 나이 67세에 황제의 자리에 오른 자이다. 고구려가 멸망한 지 24년이 흐른 시점이었다.

그녀는 자신을 성신황제聖神皇帝라 칭하고 국호를 주周, 연호를 천

수天授로 고쳤다. 역사서에는 무주武周라 기록하고 있다. 측천무후는 자신의 정권을 공고히 하기 위해 혹리를 임명하여 종실과 공신들을 무참히 살해했다. 밀고제도를 장려하기 위해 포상규정을 마련하고 밀고자에게는 신분고하를 막론하고 역마驛馬를 주어 황도皇都로 오도록 하여 직접 황제를 알현한 후 객관에 묵으며 종5품의 관리에게나 제공되던 음식을 공궤하였다. 전국 각지에서 사람들이 벌 떼처럼 몰려왔다. 조정 내부의 사람들은 작은 실수만 저질러도 곧 화가 미쳤다. 벌이 가벼운 자는 하옥되고 재산이 몰수되었으며 벌이 무거운 자는 목이 베어지게 되었고 가문이 몰락했다.

명나라를 개창한 홍무제 주원장朱元章(1328~1398)은 가난한 농민의 집에서 태어나 17세에 부모를 잃고 봉황각사에 들어가 행자 생활과 승팔僧八이라는 법명을 받고 탁발승으로 여러 지방을 떠돌아다녔다. 그는 홍건적의 부장 곽자흥郭子興이 이끄는 홍건군에 참가하기도 하였다. 그와 함께 천하를 제패한 장수들은 모두 어릴 적부터 함께 자란 죽마고우들이었다.

거짓을 꾸며 자신의 출신을 포장하려 해도 그럴 수가 없었다. 자격지심이 늘 그의 마음속을 지배했다. 결국 그는 자신의 출신이 천하다는 것을 천하에 공포했다. 그는 결국 황제의 권위로서 '문자의 옥文字之獄'을 일으켰다. 당시 조정에서는 홍건군을 홍적紅賊, 홍구紅寇라고 불렀기 때문에 상소문이나 공문서 등에 광光, 승僧, 적賊, 구寇자가 들어 있으면 그 글자를 쓴 사람을 가차 없이 죽였다. 광은 자신의 깎았던 머리를 연상시키며 승은 승려를, 적은 도적을 뜻하기 때문이었다. 이런 터

무늬없는 일은 결국 즉則을 적賊자와 생生자를 승僧자와 취법取法은 거발去髮과 도道와 도盜자를 같은 것으로 간주하여 이러한 문자가 들어간 글을 작성한 자는 죽임을 피할 수 없었다. 특히 황실의 문서를 총괄 담당했던 예부禮部의 신료들이 가장 심한 피해를 보게 되었다.

반면, 우리에게 익숙한 일본 에도江戶-오늘날 토오쿄오-막부幕府가 어떻게 260여 년 동안 반란 없이 평화로운 사회를 유지할 수 있었는가 하는 점이다. 그 원인에 대해서 영조 39년(1763) 성대중, 김인겸과 함께 에도 막부에 통신사 일행으로 갔던 서기書記 원중거元重擧 (1719~1790)가 남긴 『화국지』에 기록해 두었다. 『화국지』〈무주 본말〉에 "막부의 쇼군이 전국 각 지역의 번주藩主인 다이묘大名들을 길들이고 있으며 이와 동시에 상당히 엄격한 통제와 관리를 행하고 있다."고 기록하고 있다. 도쿠가와 이에야쓰德川家康 쇼군 막부가 대대로 "모든 다이묘들의 처자식을 에도에 볼모로 잡아두는 것이 국가를 태평하게 다스리는 상책입니다."라는 신하의 제안을 수용한 것이었다. 원중거는 다음과 같이 썼다.

"고변密告의 문을 널리 열어놓으니 모든 저부底宅 태수 다이묘들이 술에 골몰하고 황음무도하여 완상품과 진기한 물건을 탐하고 싶은 대로 맘껏 누리도록 하였으나, 만약에 문무文武를 일삼는 자가 있으면 다른 뜻을 품은 것으로 간주하여 극형에 처하였다." 참근교대로 각 지방에서 올라 온 다이묘들은 에도성 주변에 세워진 저택에 머물면서 막부가 부과하는 군역과 세역에 종사하게 하였다. 물론 참근參勤 기간이 끝나면 자신의 영지로 떠났다. 이는 "다이묘들을 260년 동안 서로 감시하게 하고, 한편으로는 사치스러운 생활에 탐닉하게 함으로써 모반을 사전에 차단했다."고 그는 본 것이다.

외편 〈추수편秋水篇〉 제7장에 나오는 내용이다.

"장자왕견지왈 남방유조 기명위원추 자지지호? 莊子往見之曰 南方有鳥 其名謂鵷鶵 子知之乎? 장자가(혜자를 찾아가서) 남쪽에 있는 원추라는 새를 아는가?"라고 묻습니다. 이어서 말하길 "부원추발어남해 이비어북해 비오동부지 비연실부식 비예천불음夫鵷鶵發於南海 而飛於北海 非梧桐不止 非練實不食 非醴泉不飲 원추라는 새가 남해에서 출발하여 북해로 날아가는데 오동나무가 아니면 앉지를 않고 대나무 열매가 아니면 먹지를 않고 감로천이 아니면 마시지를 않지." 이어서 장자는 말한다.

"어시치득부서 원추과지 앙이시지왈 하! 금자욕이자지하양국이하아사. 於是鴟得腐鼠 鵷鶵過之 仰而視之曰 嚇! 今子欲以子之梁國而嚇我邪. 그런데 이때 썩은 쥐를 얻은 올빼미 한 마리가 지나가는 원추를 바라보고 꽥! 소리를 질렀다는 거네, 양나라에서 나를 사특히 여겨 꽥!이라고…" 장자 외편 〈추수 7:7〉장에 나오는 말이다. 이 말은 혜자가 양나라 재상으로 있을 때로서 장자가 혜자를 찾아와서 만나려 하자 어떤 사람이 혜자에게 '장자가 당신 대신 재상宰相이 되려고 오는 것입니다.'라고 아뢰자 이에 겁이 난 혜자는 장자를 찾느라 사흘 밤낮 온 나라를 뒤지고 있을 때, 장자가 혜자를 만나 남긴 말이다. 원추는 장자를, 썩은 쥐를 빼앗기지 않으려 꽥! 소리 지른 올빼미는 혜자를 말하고 있다. 소리 지르는 순간 자신이 물고 있던 썩은 쥐도 사라졌을 것이다.

장자 잡편 〈양왕讓王〉 제10절의 '정고부지잠正考父之箴'이다. "정고 부는 한 번 명을 받아 사士에 임명되자 몸을 숙이고 걸었고 다시 명을 받아 대부大夫가 되자 허리를 굽히고 걸었으며 세 번째 명을 받아 경 卿이 되자 몸을 완전히 땅에 닿을 정도로 구부리고 걸었다. 이러한 공 건恭虔함을 지니고 있음에 어느 누가 본받고 따르려 하지 않겠는가." 벼는 익을수록 고개를 숙인다는 교훈을 보여주고 있다 하겠다.

노자의 『도덕경』 〈제66장〉 마지막 부분에 "시이천하 낙추이불염 是以天下 樂推而不厭-이러한 까닭에 천하가 즐거이 추대하여 싫어하 지 않는다."라고 했다. 백성들의 위에 서고자 한다면 "시이욕상민是以 欲上民" 즉, 지도자가 되고자 한다면 반드시 말로써 그들 아래에 서야 하며 "필이언지하必以言之下" 최소한 각박하게 말해서는 안 되고 태 도 역시 가능한 한 겸손해야 한다는 말이 이어진다.

권력을 탐하거나 권력을 가진 자들에게 관련이 있을지 모르지만, 당 시인 두보杜甫의 오언율시 「가인佳人」 중에서 몇 행 골라 여기에 옮긴다.

'절대유가인/세정오쇠헐/만사수전촉/재산천수청/출산천수탁絶代 有佳人/世情惡衰歇/萬事隨轉燭/在山泉水清/出山泉水濁-절세의 미인 이 있건만/가세 기울면 등 돌리는 게 세상인심/만사가 바람에 흔들리 는 촛불일세/샘물은 산에 있어야 맑지/산 나서는 순간 그 물은 혼탁 해진다네-'

21 아내의 상喪을 당해 발 뻗고 앉아 노래 부르다니?

서기 590년-수나라 개황開皇 10-, 후세들에게 가정 도덕의 매우 뜻 깊은 가르침을 남긴 『안씨가훈顔氏家訓』의 저자 안지추顔之推가 죽음을 앞두고 자식들에게 훈시한 유언의 한 대목이다. 산동성 출신의 육조 말기의 학자로, 전란과 귀족사회 해체시대에 포로로 잡혀 전국을 다니면서 여러 왕조를 섬겼던 자이다. 격동의 시기에 그는 오직 살아남기 위해 가정 단속의 필요성을 절감했었으리라.

"죽음은 인간이 반드시 짊어져야 하는 운명으로 피할 수 없다. 내 나이 열아홉 살 때에 양梁나라를 멸망으로 이끈 큰 전쟁을 겪었다. 문자 그대로 번뜩이는 수많은 칼날의 수풀 속을 여러 차례 헤쳐 나왔다. 다행히 조상의 음덕으로 오늘까지 살게 되었다. 옛사람의 말이지만 '쉰 살까지 살면 요절은 아니다.'고 했다. 나도 예순이 벌써 지나갔다. 요즘 중풍 기운이 일어나서 언제 갑자기 쓰러질지 모른다는 생각을 지우기 어렵다. 그럼에도 남은 세월 좀 더 살고 싶다는 생각은 없다···. 어느 날 쓰러져 눈을 감게 된다면 내 몸뚱이를 목욕시켜 주면 되었지,

수고롭게 초혼招魂 의식은 하지 말거라, 주검을 입관할 때에는 평소에 입고 있던 옷을 입혀주었으면 좋겠다. 관棺은 소나무 두 치짜리로 쓰고, 부장품도 내 입던 옷과 두건 외에는 일절 넣지 말아라. 유해가 누워있는 널판 위에 단지 칠성판만 깔아주었으면 한다. 호화로운 장식품은 일절 넣지 말고 술병이나 식기 모양의 명기류冥器類도 요리해 먹지 않을 것이므로 넣지 말거라. 더욱이 나의 행적을 떠벌리는 비석碑石이나 글씨 자랑이나 하는 명정 깃발도 아예 그만두어라. 유해는 별갑차鼈甲車에 실어 운반하고 맨땅의 구덩이에 직접 파묻고, 봉분을 올리지 말라, 혹시 성묘나 풀베기할 때 묘의 경계를 몰라 난처할까 염려된다면 매장한 곳 주변에 울타리를 두르고 너희들만의 표시를 해 두면 될 것이다. 분묘 앞에는 상석床石을 설치하지 말라, 매월 초하루 치르는 삭朔제사, 보름날의 망望제사, 열세 번째 달에 치르는 상祥제사, 열다섯 번째 달에 치르는 담禪제사 음식은 흰죽과 맑은 물 마른 대추 세 톨이면 된다. 술과 고기 떡 과일류는 절대 안 된다. 친한 벗이 성묘를 오더라도 땅에 술을 붓는 의식조차 그만두게 해라. 만약, 너희들이 나의 바람을 어긴다면 가난과 전란 중에 먼 길 떠나신 너희 할머니께 해드린 상례에 비하여 내가 큰 불효를 하게 되는 것이다."

유언 중 유해를 싣고 가는 별갑차는 사대부나 귀족들이 사용한 것이 아니라 보통 백성들이 사용하는 것으로 자라 껍질을 뒤집어쓰고 땅을 기듯이 가는 수레였다. 제사 중 담제는 상복을 벗는 탈상이다. 허례와 허식으로 절차가 복잡했던 유가적인 상례를 간소화하라고 자손들에게 유언으로 남긴 것이다. 동양에서는 삶과 죽음에 대해 비교적 불교와 도교적 영향을 받았다고 볼 수 있다. 그것은 살아있는 자들이 위안을 얻기 위한 의례儀禮의 일부였다. 나관중의 『삼국연의三國演義』 첫 머리에 "분구필합 합구필분分久必合 合久必分. 나뉘면 오래되지 않아 모이게 되고, 모아지면 오래지 않아 나뉘게 된다."라는 표현은 오·촉·위 세 나라의 운명을 예견하기도 하지만 육체와 우주에 흐르는 기氣의 모임과 해체의 영속으로 보는 견해이자 도가적인 생사관을 말해주는 것이라 할 수 있다.

그럼에도 사람들은 이승에서의 삶에 대한 애착이 훨씬 컸다. 장자는 삶과 죽음의 경계에 대해 크게 의미를 두지 않은 것처럼 보인다. 삶이 곧 죽음의 연장선이고 죽음이 곧 삶의 연장선이라는 인식이 크게 지배하고 있다. 그래서 그는 "절대화勿化 하지 말고, 자기만 옳다고 생각하지勿我 말고, 틀에 박히지 말고勿固, 집착하지 말라勿執."고 설파한다. 범인凡人들이 체화하기엔 어려운 가르침이다. 오죽했으면 낙불사촉樂不思蜀이란 말이 생겨났을까? 즉 위魏나라에 잡혀 온 촉한의 마지막 황제 유선劉禪에게 위나라 대장군 사마소司馬昭가 촉나라 음악을 연주하게 하자, 함께 잡혀 온 촉나라 관리들은 가슴을 움켜쥐고 슬피 우는데, 유선 그만은 태연하게 웃으며, "이곳이 즐거워 촉나라가 생각나지 않는다. 차간락 불사촉此間樂 不思蜀."라는 일화에서 나온 말이다. 이생의 즐거움을 은유적으로 한 말이기도 하다.

장자의 아내가 죽어, 혜자가 문상을 갔다. 그때 장자는 두 다리를 뻗고 앉아 질그릇을 두드리며 노래를 부르고 있었다. 혜자가 말하길 "자네는 아내가 죽었는데 곡을 하지 않는 것도 너무 한 일인데, 거기에다가 질그릇을 두드리며 노래까지 하다니 너무 심하지 않은가?" 장자가 대답한다. "그렇지 않네, 나라고 어찌 슬픈 마음이 없겠는가? 본래 삶이란 게 없었네, 형체도 없었지던 게지, 그저 흐릿하고 어두운데 섞여 있다가… 기변이유형 형변이유생 금우변이지사氣變而有形 形變而有生 今又變而之死 기가 변하여 형체가 되었고 형체가 변하여 삶이 되었던 게지. 이제 다시 변해 죽음이 된 것인데…." 아내는 지금 '큰 방'에 편안히 누워있지, 내가 시끄럽게 따라가며 울고불고한다는 것은 "자이위불통호명 고지야自以爲不通乎命 故止也. 스스로 운명을 모르는 일이라 그래서 울기를 그만둔 것이지…." 〈지락至樂 18:4〉에 나온 글귀이다.

질그릇으로 장단 맞춰가며 노래 부르는 장자를 본 혜자는 장자가 그저 그런 부류의 남편들처럼 부인의 죽음을 기뻐하는 줄로 오해했다. 장자는 생사에 대한 깊은 통찰에 따라 죽음의 본질을 깨달았고 그 결과 울고불고하는 것을 그만둘 수 있었노라고 혜자의 오해를 풀어준다. 장자는 일관되게 죽음을 자연스런 변화의 일부로 보았다. 순명이요, 안명이자 운명애運命愛주의자이다.

사실 중국 문화에서 상고시대 이래 수천 년 이전부터 생사의 문제는 크게 여겨지지 않았다. 요순도 우임금도 "생자기야 사자귀야生者寄也 死者歸也. 삶이란 의탁하는 것이요, 죽음이란 돌아가는 것이다."라고 했다.

"부천지자만물지역여야 광음자백대지과객, 부생약몽 위환기하夫天地者萬物之逆旅也 光陰者百代之過客, 浮生若夢 爲歡幾何. 무릇 천지는 만물이 머무르는 여관이요 세월은 백대의 지나가는 나그네라, 뜬구름

같은 인생 꿈과 같으니 즐거운 일이 그 얼마나 되겠는가?" 아마도 동양적인 생사에 관한 존재주의라고나 할까?

그럼에도 현세를 사는 사람의 마음속에는 "사불여죽 죽불여육絲不如竹 竹不如肉 현악기는 관악기만 못하고 관악기는 사람의 육성만 못하다."고 읊조린다. 가는 길이 확실하게 정해져 있음에도 "호마불취회고초好馬不吹回顧草. 좋은 말은 자기가 밟고 온 땅의 풀을 먹지 않는다."고 알량한 자존심을 내세우기까지 한다.

청나라 중기 오경재吳敬宰(1701~1754)가 쓴 최초의 풍자소설 『유림외사 儒林外史』에 나오는 글귀와, 남송대 범성대范成大(1126~1193)의 시 「사시전원잡흥 四時田園雜興」중 두 행을 옮긴다.

'유인루야간과장/유인풍설환향사有人漏夜赶科場/有人風雪還鄉辭- 누구는 한밤중 과거 보러 달려가고/누구는 눈보라 맞으며 고향으로 돌아오네-'

'종사천년철문함/종수일개토만두縱使千年鐵門檻/ 終需一個土饅頭 -(고관대작들이) 문턱에 쇠고리를 대어 천년 만년 영화를 누리고자 하나/(결국 삶이란) 백 세도 되기 전에 죽게 되고 봉분 안에 들어가게 되나니-'

이들은 영생이 없는 삶을 말하고 있다. 그리하여 봉분을 토만두土饅頭 즉 흙으로 만든 만두에 비유하고 있다.

22 즐거워지려면?

조선 왕조에서 자신이 즉위한 첫해부터 자신의 앞날을 예표한 왕이 연산군으로 보인다.

"간언諫言하는 신하마다 옥에 가두니 누가 바른말을 하겠습니까?" 라는 상소문 일부다.

연산 1년(1495) 6월 판중추부사 손순효孫純孝가 2차 중풍을 얻어 자신의 집에서 심하게 투병 중이었을 때이다. 온 조정의 재상들이 입을 다물고 말을 못 하는 때, 그가 죽기를 각오하고 올린 상소였다.

"…전하께서 대간臺諫이 간언을 한다고 해서 모두 갈아치우고 또 옥에 가두었다." 하는데 그 시말은 상세히 알 수는 없으나…. 먼저 언로言路를 막는 것은 신으로서는 감히 모를 일입니다. 대간이란 대의를 고집하여 임금의 틀리심을 돌리는 것이 의무이니 진실로 의리에 합당하지 않으면 차라리 목숨을 버릴지언정 조서詔書를 받들지 않는 것이 옛 도道인데, 이제 무엇을 의심하겠습니까?… 대간고집대의, 무회천청 수유타지 구불합의, 영살기신 이종불봉지, 고지도야. 금하의호

112

臺諫固執大義, 務回天聽 雖有他旨 苟不合義, 零殺其身 而終不奉旨, 古之道也. 今何疑乎?" 연산은 즉위 초부터 대간들의 참소에 아랑곳없이 무소불위의 권력을 휘둘렀었다. 물론 한순효는 얼마 후에 생을 마감하게 된다.

그는 조선 오백여 년 역사상 폭군이자, 호색광으로 자신의 기록을 실록에 남기게 된다. 그의 음탕하고 광적인 비행의 시작은 그랬다. 그는 장악원掌樂院 기생들에게 흥청興淸과 운평運平이라는 이름을 지어주었다. 흥청은 사악하고 더러운 기운을 깨끗이 씻어낸다는 의미였고, 그야말로 태평한 운수를 만났다고 해서 운평이란 이름을 지어주었다. 그와 잠자리를 같이 한 흥청은 천과天科 흥청, 아직 잠자리를 하지 않는 흥청을 지과地科흥청이라 했다. 사실 연산군이 본격적으로 황음무도에 빠져든 계기는 한양 도성 안에 있던 정업원淨業阮의 비구니들을 간음하면서 부터였다. 정업원은 태조 이래로 왕의 후궁 또는 왕족 여성들이 출가하여 여생을 보낸 곳으로 초대 주지는 혜빈 이씨로 고려 공민왕의 후궁이었다. 이렇게 출발한 그의 호색 행각은 결국 그의 숙모였던 월산대군의 아내 박씨 부인에게 아이를 낳게 하는 결과를 초래하게 된다.

그는 자신의 행각을 비밀로 감추기 위해 그의 곁을 지키던 내시宦官들에게 나무로 만든 패牌 하나씩을 목에 달고 다니게 했다. 그 패에 새겨진 내용을 보면,

一. 구시화지문口是禍之門: 입은 화의 문이요.
一. 설시참신도舌是斬身刀: 혀는 몸을 베는 칼이요.

一. 폐구심장설閉口深藏舌: 입을 닫고 혀를 깊이 숨겨,

一. 안신처처뢰安身處處牢: 몸이 편안하여 어디에서나 굳건하리라.

『예기禮記』〈내칙內則〉에 주周나라 팔진미八珍味가 기록되어 있다.

하나. 젓국을 달여 밭벼로 지은 밥에 얹고 그 위에 기름을 부은 것: 순오淳熬

둘. 젓국을 달여 기장벼로 지은 밥에 얹고 그 위에 기름을 부은 것: 순모淳母

셋. 암퇘지를 잡아 뱃속에 대추를 넣고 진흙을 발라 구운 것: 포돈炮豚

넷. 암양을 잡아 뱃속에 대추를 넣고 진흙을 발라 구운 것: 포장炮牂

다섯. 소, 양, 사슴, 노루, 고라니의 등심살을 짓찧어서 부드럽게 삶은 것: 도진擣珍

여섯. 갓 잡은 소고기를 얇게 썰어서 좋은 술에 담갔다가 초醋와 젓, 매실로 담근 장醬에 곁들여 먹는 것: 지漬

일곱. 소고기를 엮은 갈대 위에 놓고 계피와 생강가루, 소금 뿌려 말린 것: 오熬

여덟. 개狗 창자에 개 간肝을 넣어 구운 요리: 간료肝膋를 말한다.

『한서漢書』에서는 용간龍肝(용의 간), 웅장熊掌(곰 발바닥), 토태兎胎(토끼의 태반), 이미鯉尾(잉어 꼬리), 악적鶚炙(독수리구이), 봉수鳳髓(봉황의 골수), 성순猩脣(원숭이의 입술) 요리를 최고의 먹을거리라고 기록하고 있다. 이런 음식들이 유명해진 것은 탐식가들의 식탁에 자주 올라서가 아니라 시인들의 입방아에 자주 오르내렸기 때문이다. 푸성귀

로 배를 채우면서도 진귀한 음식을 하찮게 여겼던 문사들의 옹고집이란…. 고려말 목은 이색은 '방장응도포/기장해토시方丈應徒飽/飢腸解吐詩-방장이야 배부르게 먹을 줄 알겠지만/굶은 배는 시를 토해 낼 줄 안다-'고 했을 정도이다.

좀 더 가까운 역사의 흔적을 들여다보자. 청나라를 망국으로 끌고 간 대표적 인물이 서태후西太后(1835~1908)이다. 청나라 10대 황제인 어린 동치제 어머니로 섭정의 대표적 인물이다. 지나친 사치와 식탐 때문에 패가망신한 로마제국의 여덟 번째 황제 아울루스 비텔리우스(15~69)와 어깨를 나란히 한다. 네로 황제가 폼페이에서 자결한 뒤 잠시 8개월 동안 보위에 있었던 비텔리우스는 로마 귀족들과 맛있는 음식을 계속 먹기 위해 토하고 또 먹었다는 일화를 자아낸 인물이다. 서태후 역시 19세기 말 동양 최대 북양 해군 함대 건설에 필요한 경비를 빼돌려 청 황실의 여름 별장인 이화원頤和園 건설과 놀고 먹는 데 썼다. 1840년 아편전쟁을 비롯해 서구 열강들의 침략에 충격을 받은 청나라가 1871년부터 건설하기 시작한 해군 현대화 추진이었다. 해마다 300만 냥 규모의 막대한 재원을 투자해 영국과 독일에서 자재를 들여 와 군함을 건조하기 시작했었는데 이것마저도 서태후의 사치와 식탐에 빠져 건설이 중단되고 말았다. 결국 1894년 청일전쟁이 발발했을 때 일본 함대에게 대패하고 말았다. 그녀가 한 끼 식사에 100냥을 썼는데 당시 평민들의 1년치 수입을 넘는 금액이었다. 함대 건설비의 일만분의 일을 한 끼 식사에 썼던 셈이었다. 한 끼 식사에 차려진 요리가 100가지를 넘었다니… 서태후를 모셨던 여관女官 유덕령이 쓴 『어항표모록』에는 '그녀가 특별히 좋아했던 오리 혀舌는 오리고

기와 함께 쪄서 커다란 접시에 담아 그녀와 가장 가까운 자리에 두었다'고 기록해 두었다.

　그래도 사람은 색色과 미味를 추구하게 마련이다. 한 번 태어난 삶을 즐겁게 살다가 가면 그것이 행복이 아닐까? 어떻게 살아야 즐겁다고 할 수 있을까? 진정한 즐거움에 대해서 장자는 외편 총 15편 중 11번째인 〈지락편至樂篇〉에 그 답을 제시하고 있다. 춘추시대 제자백가들은 대부분 어떻게 해야 부국강병을 통해 영토를 확장할까? 아니면 어떻게 해야 도덕적 우위를 지닌 나라를 만들까에 초점을 맞추었다. 전자前者가 이사와 상앙商鞅을 대표로 하는 법가와 손자로 대표되는 병가兵家들의 사상이었다면 후자는 공자와 맹자가 대표하는 유가儒家와 묵가墨家 사상이었다. 특히 묵가사상은 '애인약기신 愛人若其身' 즉 사람 사랑하기를 내 몸같이 하라는 기치와 청빈한 삶을 그 목표로 실천했던 사상이었다. 법가 및 병가는 실용적 차원의 치도治道를 언급했다면 유가 및 묵가는 이상적 차원의 치도를 언급했다. 거기에 비해 노자와 장자로 대표되는 도가道家에서는 국가 보다 개인의 삶을 우선시했다.

　분명 세상 사람이 높이 받드는 것은 부귀수선富貴壽善이고, 동시에 싫어했던 것은 빈천요오貧賤夭惡이다. 그가 설파한 내용을 구체적으로 들여다본다. "천하유지락유재? …부천하지소존자 부귀수선야. 소락자, 신안후미미복호색음성야… 天下有至樂有在? …夫天下之所尊者 富貴壽善也. 所樂者, 身安厚味美服好色音聲也-천하에는 지락, 즉 진정한 즐거움이 있는가?…천하가 받드는 것은 부귀 장수 길함이고, 천하가 즐기는 것은 몸 편안함 맛있는 음식 아름다운 옷 색을 즐기는 것처럼 좋은 소리이다."

    이어서 사람이 싫어하는 것과 괴로워하는 것을 말하고 있다. 소하자, 빈천요오야, 소고자 신부득안일 구부득후미 형부득미복 목부득호색 이부득음성야… 所下者 貧賤夭惡也, 所苦者 身不得安逸 口不得厚味 形不得美服 目不得好色 耳不得音聲也…-천하가 싫어하는 것은 가난함, 천함, 요절함 미움이다. 사람들이 괴로워하는 것은 몸이 편치 않은 것, 맛난 음식을 못 먹는 것, 좋은 옷을 입지 못하는 것, 색을 즐기지 못하는 것, 좋은 소리를 듣지 못하는 것" 이렇게 설파한 후 장자는, "세상 사람에게 참된 즐거움은 큰 고통이다. 그래서 진정한 즐거움至樂과 몸의 생기活身는 오직 무위에 있다고 말한다. 지락활신 유무위기존至樂 活身 唯無爲幾存." 이 글머리에 연산군의 호색과 탐식가들이 임의로 설정한 후미厚味는 진정한 즐거움이 아니라고 말하고 있는 것이다.

    장자는 이런 걸 얻지 못해도 마음이 다치지 않아야 즐거움이 있다고 무위無爲를 다시 한번 강조하고 있다. 나의 즐거움을 얻기 위해 마음을 빼앗기는 유위有爲의 자세를 버리고 무위의 마음으로 살아가는 것이 최고의 즐거움을 얻는 경지라는 것이다.

    오늘날 세태는 청문회다 뭐다 하여 '취모멱자吹毛覓疵'란 말이 무색할 정도로 극으로 치닫는 형국이다. 즉 터럭을 불어서 숨겨진 흠집까지 들추어내서 알리는 데 한 치의 양보도 없다. 또 이를 침소봉대 내지는 과대 포장해서 전파하는 매스미디어의 폐해는 고스란히 시민들에게 이르고 있다. 사람은 '목불견건目不見睫' 즉, 자기 눈으로 자기 눈썹은 헤아릴 수 없다. 도끼는 제 자루를 찍지 못한다는 말과 흡사하다. 그래서 노자는 그의 『도덕경』〈제33장〉에 "자견지위명自見之謂明"이라 했다. 즉, "자기 자신을 잘 보는 것이 곧 밝음이다."라는 것이다. 장자는 한 걸음 더 나아가 참된 즐거움을 얻기 위해서는 마음을 가볍게 내려놓고 자신을 들여다보라는 것쯤으로 무위의 위爲를 말하고 있다.

당唐 현종의 황후 무혜비가 사망한 후 그가 늘 가까이 했던 매비梅妃를, 양귀비를 만난 후부터는 멀리했다. 어느 날 매비의 장점이 떠올라 사람을 시켜 진주를 보내면서 옛날로 돌아가고자 했을 때 그녀는 아무런 말이 없이 시를 지어 올렸다.

'류엽쌍미구부묘/잔장화루오홍초/장문진일무소세/하필진주위안료 柳葉雙眉久不描/殘妝和淚汚紅綃/長門盡日無梳洗/何必珍珠慰安廖-버들잎 같은 두 눈썹 오랫동안 그리지 않았고/남은 화장이 눈물에 섞여 더럽혀졌답니다/장문궁에서 해가 지도록 세수도 안했는데/어찌 진주가 외로움을 달래 주겠습니까?'

현종 또한 여색을 밝혔던 황제로 자신의 즐거움을 위해 유위有爲의 자세를 취했으나 보기 좋게 딱지를 맞은 모양새다. 시詩와 풍류의 제국이었던 당나라 풍물 중 극히 일부를 소개한다. 강남 이남 지방, 어느 현령이 죄수인 이승李勝을 붙잡아 죄罪의 자초지종을 묻고 나서 곤장 일백 대를 언도했다. 현청 동헌 앞뜰에서 형刑을 집행하기 위해 죄수의 옷을 벗겼는데 온몸에 시詩가 문신되어 있었다. 현령이 형 집행을 잠시 멈추게 한 뒤 그의 몸에 새겨진 시를 읽어 나가던 중 과거 자신이 쓴 칠언절구 일부를 발견하고는 당장 풀어주라고 했다.

23 성인이 이蝨를 잡는 이유는?

기원전 611년 주광왕(周匡王 2) 때, 송나라 사람이 소공昭公을 살해하자, 조돈이란 자가 진나라 영공靈公에게 군사軍士를 보내 송나라를 칠 것을 청했다. 진 영공이 대답하기를 "이 일은 진나라가 시급히 해야 할 일이 아니오." 조돈이 다시 말하길 "지고무상의 존재는 천지天地이고 그 다음은 군신君臣입니다. 지금 송나라 사람이 군주를 시해弑害했으니 이는 천지를 어기고 인륜의 기본 법칙을 위반한 것입니다. 진晉은 맹주인데 오히려 하늘의 징벌을 집행하지 않으면 장차 이런 재앙이 진나라에 파급될까 두렵습니다." 좌구명左丘明의 『국어』중 〈진어晉語〉에 나오는 한 대목이다.

춘추전국시대의 제자 백가와 공자를 위시한 유가들의 사상은 제 말 좀 들어보세요, 자신들의 이익과 명성을 좇아 세상에 혼란만 야기시킨 데 비해 노자에서 관윤자, 호자壺子, 열자列子, 장자에 이르기까지 도가사상은 오늘날까지 마음속에 조용히 살아서 우리들의 마음을 움직이고 있다.

『장자』 외편 중 열두 번째 〈달생편達生篇〉이다. 달생편은 열두 명의 일화를 소개함으로 장자의 사상을 더욱 풍요롭게 해준다. 이 편에서는 세상 일을 확실히 버리고 삶을 분명히 잊어 몸을 제대로 보양하거나 생명의 근원이 본래의 상태로 돌아온 사람들을 차례로 소개한다. 나아가 달생은 "생명의 참모습에 통달한 사람은 생명生의 유지를 위해 필요로 하지 않는 바에 힘쓰지 않고, 운명命의 참모습에 통달한 사람은 운명으로 어찌할 수 없는 바에 힘쓰지 않는다."라고 시작한다. 장자는 『장자莊子』 전반에 걸쳐 생명의 참모습에 통달한 사람을 소개하는데 그것은 죽고 사는 건 하늘의 뜻 명命이라고 여기는 사람으로 집약된다. 본 내편 세 번째 장인 〈양생주편養生主篇〉에 "안시이처순 애락부능입야 安時而處順 哀樂不能入也.라 하여, 와야 할 때를 편히 받아들이고 가야 할 순리에 편히 머물기에 슬픔과 즐거움이 끼어들 수 없다."라고 말했다.

"열자문 관윤왈列子問 關尹曰: '지인잠행부질 답화불숙 행평만물지상이불율 청문가이지어차….至人潛行不窒 踏火不熱 行乎萬物之上而不慄 請問可以至於此.' 열자가 관윤에게 물었다. '지인은 물 속에서 수영을 해도 숨이 막히지 않고 불을 밟아도 뜨거워하지 않고 높은 곳에 올라가도 두려워하지 않는데 어째서 그럴 수 있는지 가르쳐 주십시오.' 관윤이 대답하길, '피장처호불음지도 이장호무단지기 유호만물지소종시彼將處乎不淫之度 而藏乎無端之紀 游乎萬物之所終始' 지인은 분수에 지나치지 않는 수준-不淫之度-에 머물면서 끝없이 변화하는 도리-無端之紀-를 몸에 지닌 채 만물이 끝나고 시작되는 곳에서 유유히 노닌다네." 여기서 지인至人은 무기無己, 즉 자기가 없는 사람이다. 자연과 하나 된 사람의 모습이다. 또 지인은 타고난 본성을 고르게 하고 기를 보양하고 덕을 모아서 만물이 만들어지는 근원과 통한다. 그 결과 지인은 천성天을 온전히 지키고 정신神도 빈틈이 없어 사물의 외면 즉, 모양과 색깔이 그의 마음속에 도저히 끼어들지 못한다. 이처럼 세상을 잊는 방법을 실천에 옮기기란 정말 힘들다. 장자는 보통 사람도 실천하기 쉬운 방법을 하나 소개한다.

호주가好酒家들이 솔깃할만 한 말이다. 술 취한 사람처럼 행동하라는 말이다. 술 취한 사람이 마차를 타고 가다 수레에서 떨어져도 다치기는 할지언정 죽지는 않는다. 세속을 초탈한 성인聖人 즉, 무명無名을 추구하는 사람이 자연으로부터 정신의 온전함을 얻는 사람이다. 성인은 몸뿐 아니라 마음도 자신의 모습을 자연에 감춘다. 그리하여 볕드는 돌담 한 귀퉁이에서 자신의 속옷을 벗어 이蝨를 잡고 있을 뿐이다.

세조가 단종을 폐위시키고 충신들과 원로 대신들을 살해한 계유정난이 일어난 뒤 얼마 안 되었을 때의 일이다. 실의에 빠진 매월당 김시습이 수락산 근처 초막에 머물다가 괴나리봇짐을 등에 메고 앞머리를 얼굴 쪽으로 길게 늘어뜨린 두타행頭陀行으로 강원도 깊은 산속으로 몸을 숨긴 일화를 떠올리게 한다.

공자를 비롯한 춘추전국시대 제자백가들은 인위적으로 자연을 열었던 사람들이다. 자신들의 도를 천하에 펼치고자 애썼지만, 천하는 안

122

정되지 못하고 오히려 혼란만 가중되었다. 중국 철학사상사의 궤적을 보면 진·한 이전에는 크게 유가, 묵가, 도가가 큰 줄기였으나 당·송 이후로 묵가의 자리에 불가佛家가 자리하여 민국초까지 진행되어왔다. 1919년 5월 4일 반제국주의 반봉건주의 기치를 내세운 5·4혁명운동은 중국 근대사의 큰 반향을 일으켰으나 사실은 제1차 대전 패전국이었던 독일이 중국에서의 모든 이권을 일본에 양도한다는 내용과 우리나라의 삼일운동의 영향을 받았던 민족 각성 운동의 성격이었다. 이 운동으로 말미암아 '타도공가점打到孔家店'이라는 구호와 함께 공자의 모든 유적과 유물들이 적지 않은 손실을 입었다. 이는 중국 주류문화에 일어난 일대 파란이었다. 유가 사상에 대한 반항으로 읽힌다.

그러나, 50년 넘게 노자에 대해 순회강연을 펼치고 있는 백수를 넘긴 노철학자 남회근南懷瑾(1918~)은 말한다. "유가는 곡물 가게와 같아서 결코 타도할 수 없다. 만일 유가를 타도했다가는 먹을 밥 즉, 정신적 양식이 없어진다. 불가는 잡화점과 같아서 각양각색의 일용품이 구비되어있다. 아무 때나 놀러 갈 수 있고 돈이 있으면 물건을 골라 사서 돌아오고 돈이 없으면 그냥 구경만 해도 아무도 가로막는 사람이 없다. 도가는 약국이다. 만약 병이 나지 않는다면 평생 상대할 필요가 없으나 일단 병이 나면 제 발로 찾아들지 않으면 안된다." 필자는 가끔씩 생각한다. 오늘날처럼 종교화된 도가사상을 보면 노자는 과연 뭐라 할까, 도가가 약국이라 했으니 약국 이름은 아마도 Relax Store 또는 Hide Drug쯤이 아닐는지….

당(唐)대에 이르러 도가에 심취해있던 담초潭峭란 자가 도가 학술에 물화物化의 원리와 노장의 학설을 결합시켜 저술한 『화서化書』에 "허공을 쳐서 흙덩이를 만들면 흙덩이는 보이나 허공은 보이지 않으니, 흙은 천지가 개벽한 후에 있었다. 흙덩이를 가루로 만들어 허공에 뿌리면 허공은 보이나 흙덩이는 보이지 않으니 흙은 천지가 혼돈하던 때에 있었다. 신비롭구나!"라고 했다.

도가에서는 천지가 하나의 커다란 우주이고 사람의 몸은 하나의 작은 천지라고 한다. 지구 역시 생기를 지닌 하나의 커다란 생명체로서 사람의 몸과 같다고 여긴다. 인간의 속성을 잘 나타낸 말이기도 하지만 한 발짝 물러서서 사회 현상을 들여다볼 만 한 말과 일화를 소개한다.

"천하희희 개위이래 천하회회 개위이왕天下熙熙 皆爲利來 天下懷懷 皆爲利往-천하가 태평스러우면 모두 이익을 위해 찾아오고, 천하가 어지러우면 모두 이익을 찾아 떠난다."고 했다. 오늘날 검찰이라 할 수 있는 조선시대 의금부 관헌들의 부패 사례이다. 임진왜란 때 호조판서로 재직 중 대간臺諫으로부터 간악하다는 이유로 탄핵을 받아 유배를 앞둔 홍여순洪汝諄(1547~1609)의 일화이다. 돌연 의금부 관헌들이 홍판서에게 유배지를 선택할 기회를 주었다. 홍여순은 거리낌 없이 살기 좋고 풍요로운 순천順天을 택했다. 이의 배경에는 의금부 관헌들에 대한, 국고지기 호조판서의 뇌물공여가 자리 잡고 있었다.

'반세공명백세건半世公明百世愆 반세기의 공명은 백대의 허물이다.'라고 했다. 뇌물을 공여한 자나 그 뇌물을 받아먹고 죄인의 편의를 봐

주는 세태라니…. 청나라 학자 조익趙翼은 그의 시에서 '난세다재시화
태/難世多財是禍胎-난세에 많은 재물은 화근이라네-'

24 자신의 이익만을 도모한 자가?

『장자』외편 여덟 번째 〈달생편達生編〉의 주제가 "자연을 인위적으로 여는 것을 멀리하고 자연스럽게 여는 것을 가까이 하라."라고 말할 수 있다.

"제사를 주관하는 축종인祝宗人이 예복을 갖춰 입고 돼지 우리에 다가가 돼지를 달래면서 말했다 축종인 현단이임뢰책 설체왈, 祝宗人 玄端以臨牢䇷 說彘曰,"-고대에는 돼지를 나타내는 글자로 오늘날의 저猪와 돈豚대신 체彘자를 사용했다.-

"네가 어찌하여 죽음을 싫어하는가? 나는 너를 석 달 동안 잘 기르고 열흘 동안 부정한 일을 멀리하고, 사흘 동안 마음을 가지런히 할 것이다. 또 희디흰 띠풀로 자리를 깔고 그 위에 네 어깨와 엉덩이를 놓은 뒤 예쁘게 꾸민 도마 위에 오르도록 하려는데 호조조지상 乎彫俎之上, 너는 정말 그렇게 되고 싶지 않은가? 즉여위지호則汝爲之乎?"

우리는 주위에서 이중적 잣대를 지니고 살아가는 사람을 종종 발견

한다. '자신이 하면 로맨스요, 다른 사람이 하면 불륜이다.'는 말이 쉽게 회자되고 있는 현실이다. 장자는 인간의 이런 모순된 태도를 외편 〈달생편 6〉절을 통해 돼지와 비교해서 적나라하게 보여준다. 이 장을 읽은 뒤 입가에 쓴 미소가 저절로 번지는 것은 우리가 돼지보다 못한 지모로 살아가고 있다는 생각이 떠올라서이다. 인간은 자신의 목적하는 바를 위해서 잘살고 있는 돼지에게 죽음을 권장하면서 감언이설로 설득하고 있다. 돼지는 "겨나 술 찌꺼기 음식을 먹으면서 우리 안에서 편하게 지내는 것이 좋다. 일여식 이강조이착지뢰책지중日如食 以糠糟而錯之牢莢之中."라고 거절한다.

축종인은 제사를 위한 희생물로 돼지를 사용하고자 했다. 죽음만 받아들인다면 대접이 달라질 것을 말했으나 돼지는 제사용으로 선택되고 당분간 편하게 지낼지는 모르지만, 결국 천수를 다 누리지 못하고 일찍 삶을 마감하는 불행을 만나게 된다. 그래서 '개똥밭에 굴러도 이승이 낫다.'는 말과 '열 걸음을 걸어야 한 번 쪼아먹을 먹이를 만나고, 백 걸음을 걸어야 한 물 한 모금 마실 정도로 어렵게 살더라도 새 장 안에 갇혀서 길러지길 바라지 않는다.'는 말이 나왔을 것이다.

돼지를 위한다면 그대로 살도록 놔두는 것이 옳은 일이다. 사람들은 자신의 목적을 위해서 상대방을 협박하고 설득하여 네가 죽어줘야겠다는 심보이다. 지극한 이기심을 드러내는 자세로 살아가는 사람들의 처지는 제사상에 올려질 돼지에게 사정하는 처지와 하등 다를 바가 없다. 춘추 전국시대에 제후들이 앞다투어 백성들의 생명과 재산을 약탈하고 땅을 차지하여 영웅이라 칭하였고, 백성들을 해롭게 하여 자신의 만족을 얻는 일이 다반사였음을 익히 알고 있다. 그들의 사상 기반은 당연히 유가의 가르침이었다.

장자는 〈달생 6〉편을 통하여 그냥 있는 그대로 자연스럽게 놔두는 것이 옳다고 말하고 있다. 나라도 마찬가지이다. 원나라의 헌법이었던 『원장전元章典』에 '한인漢人들은 무기 소지를 철저히 금한다. 다만 병사는 금하지 않는다.'고 나온다. 10가구가 모여 식칼 한 개로 음식을 조리했고, 조리가 끝난 후 다시 그 식칼을 관청에 반납해야만 했다. 심지어는 '민간인은 쇠, 자, 철지팡이, 쇠몽둥이의 소유를 금지한다.'고 까지 했으니… 반란을 두려워한 몽골족 자신들의 목적 달성을 위한 만행이었다.

이어서 〈달생 8〉편에 싸움닭에 관한 이야기가 나온다. 기성자紀渻子가 왕을 위해 싸움닭을 길렀다. 왕은 열흘이 지날 때마다 "닭이 싸울 준비가 끝났는가? 계가투이호鷄可鬪已乎?" 하고 네 번씩이나 기성자에게 묻는다. 기성자가 말하길 "아직 멀었습니다. 미야未也."라고 대답한다. 맨 처음 물음에는 기성자가 왕에게 대답하길 "쓸데없이 허세를 부린 채 자기 혈기만 믿습니다. 방허교이시기方虛憍而恃氣." 두 번째 물음에는 "오히려 다른 닭의 울음소리를 듣거나 그림자만 보아도 덤벼듭니다. 유응향경猶應嚮景." 세 번째 물음에는 기성자가 "오히려 상대를 노려보는 병이 있고 혈기도 왕성합니다. 유질시이성기猶疾視而盛氣."라고 답한다. 마침내 40일째 되던 날, 왕이 기성자에게 싸울 준비가 됐느냐고 물었을 때 "이젠 됐습니다. 다른 닭이 아무리 울음소리를 내며 싸움을 걸어와도 미동조차 안 합니다. 멀리서 바라보면 마치 나무로 깎아놓은 닭과 같아 이제야 덕이 비로소 온전해졌습니다. 기의. 계수유명자, 이무변의 망지사목계의, 기덕전의幾矣. 鷄雖有鳴者, 已無變矣 望之似木鷄矣, 其德全矣."

"그래서 다른 닭이 감히 덤벼들지 못하고 보기만 해도 달아납니다. 이계무감응 견자반주의異鷄無敢應 見者反走矣." 싸움닭이 나무로 깎아 놓은 닭처럼 그 모습이나 표정이 사라져서 덕이 온전해졌다는 말이다. 사람이든 싸움닭이든 덕이 온전해지려면 왜 모습과 표정이 어떻게 사라져야 할까? 시사하는 바가 크다.

장자 본편인 내편 〈덕충부편〉에 "도가 얼굴을 주고 자연이 몸을 준 것으로 사람의 모습을 갖추는 데 충분하다. 도여지모 천여지형 오득불위지인道與之貌 天與之形 惡得不謂之人."고 말했다. 그럼에도 사람들은 자신의 표정과 모습을 억지로 꾸민다. 왜일까? 장자 내편 〈제물론〉에도 나온 말이다. 첫째는, 스스로 감정을 만들어서 자기 마음을 다치게 하려 함이다. 희로애락의 감정, 려탄변집慮嘆變慹의 생각-걱정과 후회, 변덕과 고집-, 요일계태姚佚啓態-경박과 방탕, 뽐냄과 허세-의 행동에서 생겨난 모습이다. 진정으로 말馬을 기를 줄 아는 사람은 말 등에 달라붙은 모기 한 마리라도 호들갑스럽게 죽이는 행동은 삼간다. 호들갑스럽게 죽이는 순간 그 해害는 자신에게 돌아온다는 사실을 알기 때문이다.

노자의 「도덕경」 〈제81장〉에 "신의가 있는 말은 아름답지 못하고, 아름다운 말은 신의가 없다. 선량한 사람은 말에 능하지 못하고, 말에 능한 사람은 선량하지 못하다. 신언불미 미언불신, 선자불변 변자불선

信言不美 美言不信, 善者不辯 辯者不善."라고 했다.

둘째, 늘 스스로 그러함을 따르지 않고 부질없이 생명을 늘려서이
다. 그것은 숨을 길게 내쉬고 들이쉬는 취구호흡吹呴呼吸, 기운을 뱉
어내고 새 기운을 받아들이는 토고납신吐故納新, 곰처럼 나무에 매달
리거나 새처럼 목을 길게 빼는 웅경조신熊經鳥申과 같은 양생법으로
몸을 비비 꼬아서 만든 모습이다. 이런 모습을 몸에서 지워야 하는데
싸움닭은 40일이 되어서야 가능해졌다. 그러니 자연스럽지 못한 모습
을 마음에서 지우려면 몸에서 부자연스런 모습을 지운 뒤 열흘 정도
지나야만 가능하다.

장자 사상의 근간인 무위는 유가사상에서 주장하는 유위와 다르다.
유위사상은 하고자 함이 있어서 하는 것이고, 무위는 하고자 함이 없
이 하는 길이다. 기성자가 기르던 써움닭의 이야기는 미동조차 않으
면서 즉, 무위에 입각한 승리를 강조하기 위함이라고 볼 수 있다. 유위
는 옳고 그름을 따지게 된다. 장자 내편 〈제물론 14〉에 "옳고 그름을
따지면 도가 허물어진다. 도가 허물어지면 욕망이 생겨난다. 시비지창
야 도지소이휴야, 도지소이휴 애지소이성야是非之彰也 道之所以虧也,
道之所以虧 愛之所以成也."라고 했다. 또한 유위는 모든 사리를 분별하
게 된다. 분쟁이 뒤따라온다.

유안劉安(BC 179~BC 122)의 『회남자』열두 번째 장인 〈도응훈道應
訓〉에 "비록 부귀라 하더라도 그것을 길러 일신을 다치지 않게 하고,
비록 빈천이라 해도 이를 탐내어 몸에 어떤 누를 끼치지 않는다. 수부

귀 불이양상신, 수빈천 불이누형雖富貴 不以養傷身, 雖貧賤 不以累形."
라고 했다. 장자 보다 앞선 시대를 살았던 노자는 『도덕경』 제1장에
"그러므로 항상 없음은 그것으로써 그 오묘함을 보고자 함이다. 항상
있음은 그것으로써 그 한계를 보고자 함이다. 고상무 욕이관기묘 상
유 욕이관기미故常無 欲以觀其妙 常有 欲以觀其微."라고 한술 더 뜨고
있다. 여기에 장자의 동적인 무위를 대입한다면, "항상 하려함에 있어
서 하지 않음으로 그 끝을 보려 한다."라고 말 할 수 있다.

종묘사직의 흠결을 덮기 위해 취한 극단적일 만큼 이기적인 군주와
앞서 기술한 〈달생 6〉편의 돼지에 얽힌 실록을 소개한다.

조선에서 발발한 임진·정유 양란 때 지원을 아끼지 않았던 명나라
만력제 신종 朱翊鈞(1572~1620 재위)의 조부인 명 제11대 정덕제 무
종 朱厚照(1505~1521 재위)과 돼지에 관한 명나라 실록이다. 정덕제
가 강소성 〈의진〉이라는 곳을 순력하던 중 '민간에서 돼지를 키우지
도 말고 잡지도 말라.'는 어명을 내린다. 당시 궁중에서 사용하는 돼지
고기의 양은 양고기의 두 배였다. 돼지는 저猪로 zhu라고 발음했다.
황실의 성이 주씨로 주와 발음이 같았다. 양저養猪 살저殺猪는 주씨를
기르고 주씨를 죽인다는 발음이었으니 저와 같은 어명이 내려진 것이
다. 어명을 하달한 날이 음력 12월 19일이었다. 춘절春節을 앞둔 민
간에서는 대소동이 일어나고 말았다. 또한 그는 후궁들이 맘에 안 든
다며 강남에서 미인을 선발하려 하자, 신하들이 간언하며 만류했다.
이에 대노한 정덕제는 130여 명의 대신에게 곤장을 쳤는데, 그중 11
명의 충신들이 죽고 말았다는 기록이다.

"만물은 만들어 내고도 말하지 않는다. 생기게 하고도 소유하지 않는다. 행하고도 자랑하지 않는다. 만물작언이불사 생이불유 위이불시 萬物作焉而不辭 生而不有 爲而不恃"『도덕경』〈제2장〉에 나온다. 인간들은 어찌 하는가? 세상을 공포의 도가니로 몰아넣었던 코비드 19로 인한 재앙은 인간들의 이기심의 극치를 참다못한 자연이 반발한 것이라고 생각한다. 유위의 세태는 이제 막다른 골목으로 내몰리는 형국이다.

25 자기만 옳다니?

위진남북조 시기에 나온, 남조 송나라 유의경劉義慶(403~444)이 찬撰하고 양나라 유효표劉孝標(462~521)가 주注를 달았던 『세설신어世說新語』〈태치편汰侈篇〉에 나오는 기록이다. 태치는 '지나치게 사치한다.'는 뜻이다. 본 편에 수록된 고사의 시대 배경은 대부분이 서진西晉 시대이다. 서진의 개국 군주인 사마염司馬炎(236~290)은 과도하게 재리財利를 탐하고, 사치를 부리던 자였다. 신하와 관료 귀족들도 재물을 모으고 사치에 열중함에 따라 일부 권문 귀족 중에는 제왕에 비견할 정도로 부富를 축적한 자도 있었다. 그 한 예로 『진서晉書』의 기록을 보면, 하증何曾(199~278)이란 자는 '하루 식사비용으로 만 전을 쓰면서도 젓가락 댈 곳이 없다.'고 푸념했을 정도였다. 〈태치편〉 중 한 편의 기록이다.

"한 번은 진무제가 자신의 사위였던 왕제의 집에 행차했다. 왕제가 주찬을 대접했는데, 모두 유리그릇을 사용했다. 화려한 비단 치마와 저고리를 갖춰 입은 백여 명의 시녀들이 음식을 두 손으로 받쳐 들었다. 특히 푹 쪄낸 새끼 돼지고기가 통통하고 맛이 좋았다. 무제가 이상히 여겨 물었더니 사위 왕제가 대답하길 '새끼 돼지에게 사람의 젖을 먹였습니다.'라고 아뢰자, 식사가 끝나기도 전에 무제는 자리를 털고 일어나 나갔다."

『장자』 외편 〈달생편達生篇 10〉을 보면서 세설신어를 꺼낸 이유는 이 편에서 보게 되는 '욕망의 다스림'과 '자기과시의 결과'에 관한 내용이 잘 표현되어 있기 때문이다.

"노나라에 재경이란 목수가 북을 만들기 위해 나무를 깎아 북틀을 완성했다. 북틀을 본 사람들이 한결같이 놀라면서 귀신의 솜씨라며고 칭찬이 자자했다. 이윽고 노나라 제후가 그 북틀을 보고 재경을 불러들여 물었다. "그대는 어떤 방법으로 북틀을 만들었는가?" 재경이 답했다. "신은 목수인데 달리 무슨 방법이 있겠습니까마는 한 가지는 분명히 있습니다. 신이 북틀을 만들 때 함부로 기를 소모하지 않고, 반드시 재계해서 마음을 고요히 합니다. 미상감이모기야 필재이정심 未嘗敢以耗氣也 必齋以靜心." 사흘을 재계하면 상을 바라거나 벼슬과 봉록을 얻겠다는 마음이 사라집니다. 이레를 재계하면 마음이 동요되지 않은 채 제 자신의 사지와 형체를 지닌다는 사실을 잊습니다. 그런 후 산림에 들어가 자연스런 성질과 재질이 훌륭한 나무를 찾습니다. 이제 어느 시선도 아랑곳하지 않고 오로지 기술에만 전념하게 됩니다. 그래야 나무의 자연스런 본성과 저의 자연스런 본성이 합쳐지게 됩니다. 제가 만든 북틀이 귀신의 솜씨와 같다는 것은 여기에서 비롯됩니다. 기지소이의신자 기유시여器之所以疑神者 其由是與."

물론 완성될 북틀의 모양이 잘 떠오르지 않으면 일에 착수하지도 않 았을 것이다. 장인급의 목수일지라도 그 진가는 나무와 목수 사이의 연결이 자연스런 본성과 합쳐질 때 가능한 일이라는 것이다.

『노자』〈제54장〉에 "몸으로써 몸을 살피고 집으로써 집을 살피고 천하로써 천하를 살펴야 한다. 고이신관신 이가관가 이천하관천하故 以身觀身 以家觀家 以天下觀天下."라고 했다. 맑고 깨끗해서 인위적인 행함이 없는 이것은 현실이 발생하기 이전의 도체이다. 또 〈제26장〉 에는 "편안히 거처하면 초연하다. 수유영관 연처초연雖有榮觀 燕處超 然."라고도 했다. 어떤 환경에서라도 초연해야 한다는 말이다. 어느 정 도의 도를 닦지 않으면 지나치기 힘든 일들이 도처에 널려 있다. 그래 서 수도를 네 글자로 말하면 '수시반청收視返聽' 즉 욕망이 기본으로 전제되어 있는, 바깥을 바라보는 시선을 안으로 거두어들인다는 뜻이 다. 만족함을 모르는 것보다 더 큰 재앙이 없고, 얻고자 하는 것보다 큰 허물은 없다. 인류의 최대 죄악은 소유하려는 욕망이다. 그러므로 만족함을 아는 족함이라야 항상 풍족하게 된다. '고지족지의 상족의 故知足之意 常足矣.'이라고 노자는 말했다.

〈달생편 11〉절의 이야기이다.
"동야직東野稷이 장공에게 자신의 말 부리는 솜씨를 자랑해 보였다. 그가 끄는 말이 수레를 몰자 수레의 나아감과 물러남이 줄을 친 듯 곧 았고 좌우로 도는데 그림쇠로 그린 듯 정확했다. 장공莊公은 옷에 장 식한 아름다운 무늬도 이보다 더 정교할 수 없다 여기고 동야직에게

'둥근 원을 백 번 돌아오라'고 명했다. 얼마 후 장공의 신하인 안합顔 闔 – 내편 〈인간세〉에도 등장 – 이 동야직을 만나고 돌아와서 장공에게 이르기를 '동야직의 말이 곧 쓰러질 겁니다.' 장공은 침묵했다. 마침 내 수레를 끌던 말이 쓰러지자 동야직이 돌아왔다. 장공이 안합에게 물었다. '그대는 어찌해서 이렇게 될 줄 알았는가?' 안합이 대답했다. "말의 힘이 다했는데 계속해 달리게 했으니 쓰러진다고 말한 겁니다. 기마력갈의 이유구언 고왈패其馬力竭矣 而猶求焉 故曰敗." 동야직은 군주의 부당한 명령에 왜 거절하지 못했을까? 그것은 공功, 즉 자신의 재주에 얽매었기 때문이다. 장공에게 더 큰 재주를 뽐내려고 했었음이다. 이런 태도의 사람이 어디 동야직 뿐이겠는가, 대부분의 사람들은 자신의 재주를 세상에 더 뽐내지 못해 안달하며 살아간다. 오로지 박수를 받고 싶어 하고 자신의 출세를 위해서이다. 순리에 어긋나는 삶이다.

장자가 습관적으로 저지르는 인간의 여덟 가지 과오 중에 대표적인 것이 세 가지인데 그 첫째가 주책籌策이다. 자기가 할 일이 아닌데 덤빈다는 것이다. 다음은 망령妄靈이다. 상대방이 청하지도 않는데 의견을 말하는 것이다. 마지막으로 아첨이다. 상대방의 비위를 맞추려고 비굴하게 말하는 것이다. '빈이무첨 부이무교 貧而無諂 富而無驕'라 했다. 가난하더라도 아첨하지 말고 부유하다고 교만하지 말라는 말이다.

우리 대부분은 자신이 지닌 안목이 옳다고 착각하며 살아간다. 외부에서 들어오는 정보를 자신의 안목으로 재해석한다. 이런 시선이 고착되는 것을 무식이라 한다. 일부 편향적인 보수 유튜버들도 여기에 속한다고나 할까? 무식을 고전 아랍어로 '자힐리야jahiliyaah'라고 부른다. 자힐리야의 특징은 자기 의견과 상충될 때 쉽게 화를 낸다. 나아가 자신의 우월적 지위를 활용하여 쉽게 폭력을 행사하기도 한다.

욕망에 사로 잡히면 '작사도방作舍道傍'의 신세를 면치 못한다. 지나는 사람마다 한 마디씩 하는 통에, 생각이 흔들려 길가에 집을 지으려는 사람은 제때에 집을 짓지 못하게 된다는 말이다. 가난한 자는 적게 소유한 것이 아니라 더 많이 갖고자 하는 자이다. 자신의 빈부와 관계없이 우리는 태어나는 그 순간, 평생 지킬 협정에 서명한 것과 마찬가지이다. 안분지족의 도는 감사하는 마음에서 화려하게 꽃피운다.

사실, 감사는 모든 순간에 존재하며 겸손은 최고의 순간에 존재한다. 진정으로 백성을 아끼는 군주는 오뉴월에 하늘에서 우박이 떨어질 때 세 단계의 조치를 취했다. 첫째가 피전避殿이요, 두 번째가 수라상의 반찬 가짓수를 줄이는 함선咸膳이요, 마지막으로 신하들로 하여금 자신의 실정과 허물을 낱낱이 아뢰게 하는 구언求言이었다. 오늘 우리나라 군주와 비교해 보자 하니 헛웃음이 절로 나온다.

청나라 말기 어느 선사禪士가 남긴 시 한 토막을 여기에 옮겨 본다.

'개미들이 마른 뼈다귀 갉아 먹으니/천고의 세월이 한 순간이네/… 그저 잔에 든 술이나 마시세.-누의침고골/광음일삽시/…. 차진배중물 螻蟻侵枯骨/光陰一霎時/…且進杯中物-'

26 끝내 사람이 포용할 수 없는 것은?

장자의 외편 열네 번째 〈산목편山木篇〉 첫머리에 도덕과 인륜에 대해 나온다. 이 편에서는 도덕의 우위를 강조하고 있기도 하지만, 도덕이 자연스러운데 반해 유가가 말하는 인의예지처럼 인위적인 성격은, 장자가 말하는 자연스러움과는 차이가 있다.

장자가 산속을 지나다가 가지와 잎이 무성하게 우거진 큰 나무를 보았는데, 벌목꾼이 그 나무에 다가가서 벨 생각을 하지 않자, 이를 이상히 여겨 왜 나무를 베지 않느냐고 물었다. "벌목자지 기방이불취야伐木者止 其旁而不取也." 벌목꾼은 쓸모없는 나무라서 베지 않는다고 대답했다. "문기고왈 무소가용問其故曰 無所可用." 쓸모가 없어 천수를 누린다? 하기야 우리네 속담에도 '굽은 나무가 선산을 지킨다.'는 말이 있다. 이와 비슷한 이야기는 내편 〈인간세편〉에도 등장한다.

장자는 산에서 내려와 친구 집을 방문했다. 친구는 반가운 나머지 동자에게 거위를 잡아서 삶아 오라고 일렀다. 그러자 동자는 '한 놈은 잘 울고 한 놈은 잘 울지 않는데 어느 놈을 잡아올까요?'라고 묻는다. 주인은 울지 않는 거위를 잡으라고 말한다. 다음 날 "장자의 제자는, 쓸모가 없다고 여긴 나무는 살리고 쓸모가 없다고 여겨 친구분께서 울지 않는 거위를 죽였는데, 어느 입장을 지지하시냐고 스승에게 묻는다. 금주인지안 이불재사 선생장하처?今主人之雁 以不材死 先生將何處?"

장자는 계면쩍은 미소를 지으며 자신은 쓸모 있음과 쓸모 없음의 중간에 있다고 애매하게 대답했다. 이런 태도를 보일 수밖에 없었던 것은 거위는 쓸모없어 죽은 반면, 나무는 쓸모가 없어서 살아남아서이다. 그럼에도 장자는 근심에서 벗어나지 못한다고 제자에게 말했다. "사지이비야 고미면호루似之而非也 故未免乎累. 그는 '벌목꾼이 쓸모 없다고 여겨 큰 나무를 베지 않는 건 자연스런 도덕에 따른 결정이고, 울지 않아서 쓸모없어진 거위를 잡도록 한 것도 자연스런 도덕에 따른 결정이다.'라고 말하고 있는 것이다.

그런데 만물의 모습과 인륜人倫의 전해짐은 그렇지 않아서 합해지면 떨어지고, 이루어지면 무너지고, 곧아지면 꺾이고, 높이 받들어지면 책잡히고, 하고자 하면 부족함이 생기고, 현명해지면 모함을 받고, 어리석어지면 속임을 당하니 "어찌 근심이 사라질 수 있겠는가? 호가득이필호재胡可得而必乎哉?"

여기에서 오·촉·위의 삼국시대가 조조의 위魏나라로 통일된 기간도 잠시, 결국 사마씨가 찬탈한 서진 정권에 나타난 죽림칠현竹林七賢의 삶을 들여다 보자. 춘추시대에 예악이 붕괴 되지 않았다면 백가쟁명百家爭鳴은 없었을 것이고, 후한 말기 이후의 부패가 없었다면 위진魏晉의 풍도는 없었을 것이다. 후한 말 혼동기 조조의 행적을 유심히 살펴 보던 태위 교현이 그를 불러 허소許劭(?~174)를 찾아가 보라고 권유했다. 허소는 당시 저명한 정치평론가였다. 그는 매달 초하루 '월단평月旦評'이라 하여 당시의 인물에 관한 평을 발표했었는데, 자신이 평한 인물이 즉시 천하에 알려졌기에 조조는 단박에 그를 찾아갔다. 허소는 환관의 양아들인 조조를 보자 거들떠 보지도 않고 무시했다. 조조는 행패에 가깝게 허소를 몰아붙여 겨우 평을 받아냈다.

"연군실난세지영웅 치세지간적然君實亂世之英雄 治世之姦賊. 그대는 난세에는 영웅이요, 태평세에는 간사한 적이 된다."는 평을 받아 든 조조는 뛸 듯이 기뻐했다. 위나라 2대 군주였던 명제 때 대신이었던 유소劉劭의 『인물지』〈영웅편〉에는 '풀 중에서 빼어난 것을 영英, 짐승 중에서 출중한 것을 웅雄이라 한다.'는 기록이 보인다. 조조는 영웅이라는 말에 기뻤을 것이다. 조조가 220년 위왕에 등극한 지 45년 만인 서기 265년 제5대 조환曹奐(260~265 재위)을 끝으로 사마씨에게 정권을 빼앗기고 만다.

유가의 학설로 400여 년의 안정기를 보낸 양한의 몰락으로 관학으로서 권위적이며 정치적이었던 유학儒學은 설 자리를 잃게 된다. 양한 시대 유학의 원천이었던 경학은 장황하고 진부했을 뿐만 아니라, 다섯 글자로 이루어진 경문에 2~3만 자의 주해를 달기도 했었으니…. 일부러 심오한 체하거나 술수를 일삼았다. 한마디로 위진 시대에는 유학을 버리고 새롭고 선진적인 사조思潮가 천하를 석권했다.

현학玄學이 그 첫 번째로, 노장의 무위사상을 숭상한 현학가들은 청담 또는 현담을 주장했다. 외지로부터 들어온 불학이 지식계와 통치자들에게 널리 퍼지기도 하였다. 청담과 현담을 나누며 자신들의 존재 이유를 부각한 이들이 죽림칠현이다. 당시 청담과 유미주의는 현학가들의 양대 기둥이었다. 그들은 청담의 모임을 쫓아다녔고 풍류인사들이 재주와 총명함을 과시하는 수단이면서 상류사회의 중요한 사교활동이기도 했다. 현실정치를 피해 자신들만의 풍류에 빠져들었다. 사실 이러한 풍류는 후한 말에는 절개節介를 중시했고 위나라 때에는 방탕함을 좋아했다. 위진 교체기에는 명사들이 휘파람을 불고 술을 마시며 오석산이라는 약을 먹었다. 이 약을 먹고 나면 온몸에 열이 나 긁기 좋게 낡고 헐렁한 옷을 입었고, 몸에서는 이蝨가 생겨났다. 이들이 취한 일종의 도피현상은 조曺씨의 위나라를 무너뜨리고 세운 서진 정권에 대해서 갖는 여섯 가지의 불미스러운 점을 염두한 탓이었다.

군주를 시해하고 제위를 찬탈한 것은 불충不忠이요, 태후를 폐한 것은 불효요, 골육상잔은 불경이요, 무고한 살육을 일삼는 것은 불인이요, 권력과 이권을 두고 다투는 것은 불의요, 주권을 상실해 나라를 욕보이는 것은 무능無能이라는 것이었다.

사실 죽림칠현은 조직이나 단체가 아니었다. 그 일곱 명의 운명이나 성격도 각기 달랐다. 산도山濤(205~283)는 사마씨 집단에 투항하여 상서이랑-내무부장관-의 자리에 올랐다. 비교적 젊었지만 조카가

결혼할 때 옷을 선물했다가 되돌려 받는가 하면 딸이 친정에 오자 빌려 간 돈을 갚으라고 인상을 찌푸렸을 정도로 수전노였던 왕융王戎(234~305), 술에 절어 살던 완적阮籍(210~263)은 그의 집 근처의 술집 주모의 자색이 무척 뛰어났는데 그 집에서 왕융과 함께 술을 마시고 그 여자 곁에서 잤다. "술집 주인은 부쩍 의심이 들었지만 한동안 꼼꼼히 살펴 보고 완적에게 전혀 사심이 없다는 것을 알고서 마음이 개운해졌다."는 기록이 세설신어 〈임탄편〉에 보인다. "대인은 천진하고 거짓없는 마음을 잃지 않는다. 대인자부실기적자지심 大人者不失其赤子之心."이라고나 할까? 유령劉伶(221~300)도 술에 절어 산 위인이다. 완적의 조카 완함阮咸(?)은 술에 관한 한 한술 더 떴다. 술을 잔으로 안 마시고 단지壺째 직접 들이켰다. 혹시 돼지가 술 냄새를 맡고 다가오면 돼지와 함께 마셨다.

키골이 8척에 이른 제갈량이 1차 북벌을 외치고 출정에 나섰던 226년 겨우 다섯 살이었던 혜강嵇康(223~263)은 나이 마흔에 사형을 당했다. 그의 죽음의 원인은 당시 서진의 3대 군주였던 사마소의 측근이자, 서진의 개국공신의 아들인 종회의 모함 탓이었다. 평소 혜강을 존경하는 마음으로 그를 만나고자 했다. 그러나 자신의 빈약한 청담 탓에 차일피일 미루다가 하루는 혜강과 토론을 위해 호화로운 마차를 탄 채 구름 같은 인파를 대동하고 혜강의 집에 찾아왔다. 혜강은 그를 알은체도 하지 않고 모루쇠에 올려진 쇠를 망치로 두들기고 있었다. 물론 풀무질은 칠현의 한 사람인 상수尙秀(234~ 305)가 하고 있었는데 그 또한 풀무질에만 열중했다. 모욕감에 치를 떨고 뒤돌아선 종회鍾會의 마음이 어떠했을지는 능히 짐작해 볼 수 있다.

그는 사형집행을 앞두고 거문고를 가져오라 하여 '광릉산廣陵散'이라는 곡을 직접 연주한 뒤 "예전에 누가 이 곡을 배우고자 했었는데 내가 허락하지 않았으니 실전失傳이 되겠구나."고 했다. 혜강의 죽음으로 수천의 무리가 함께 죽여 주기를 바랐다 하니, 참으로 아까운 죽음이었음을 알 수 있다. 죽림칠현에 속하지 않지만 노장사상에 경도되었던 인물이 훗날 동진의 도연명陶淵明(365~427)이다. 도연명의 거문고에는 줄이 없었다. 노자 『도덕경』〈제41장〉에 "대방무형…. 대음희성 大方無形 大音稀聲 큰 모퉁이는 형체가 없고…. 큰 소리는 소리가 들리지 않는다."고 했으니…. 이는 노자의 미학 관념을 잘 드러낸 말로 인위적이지 않고 자연스러우며 온전한 아름다움을 비유한 말이다.

다시 장자로 돌아와서, 자연스런 도덕의 마음-도덕지향-에서 노니는 사람만이 화禍를 면할 수 있다는 사실을 명심하라고 제자들에게 강조한다. 물론 이 도덕지향은 인의예지仁義禮智와 같은 인륜이 아니라 자연의 원리로서의 도다. 자연스런 덕으로서 이루어진 마음이다. "제자지지 기유도덕지향호弟子志之 其唯道德之鄕乎."

장자 잡편 마지막 장인 〈천하편天下篇〉에 "천여지비 산여택평天與地卑 山與澤平 하늘도 땅과 더불어 낮고 산도 못과 같이 평평하다."고 하면서 나아가 "범애만물 천지일체야汎愛萬物 天地一體也 만물을 사랑함이 천지를 하나로 보는 것."이라고 밝히고 있다. 이는 도덕경 〈제47장〉에 '혼기심渾其心'처럼 분별하는 마음이 넓어질 때 관조, 직관,

초월적 혜안으로 본다는 말이다. 여기에서 '혼渾'이란 되는대로 사는 사람을 말하거나 음과 양이 순수하고 근후하며 선악과 시비가 평등한 것을 말한다. 모든 물物을 덮고 있는 하늘이지만 물을 실을 수 없으며, 모든 물을 싣고 있는 대지이지만 물을 덮을 수 없다. 모든 물에 생을 주고 포용하는 대도大道이지만 그것들을 각각 물物로 분별할 수 없다.

사람이 물에 대해 선·악, 가·불가의 선택을 한다면 널리 물을 포용할 수가 없다. 그래서 물物 각각의 자연스러운 도에 맡기면 모든 물을 포용할 수가 있는 것이다. 결론적으로 쓸모없다고 여긴 나무와 울지 않아서 쓸모를 따라 사람이 판단하여 죽인 거위는, 인간이 포용할 수 없는 물의 한계이자 곧 도道이다. 그래서 성인의 마음은 천지의 마음으로써 자신의 마음을 삼는다고 했다. 도연명의 시詩 「음주飮酒」의 압권이라고 여기는 오언율시 두 구절을 옮긴다.

'차중유진의/욕변기망언 此中有眞意/欲辯己忘言 -그 안에 참뜻이 있으니/말하려 하나 이미 말을 잊었네-'

27 다른 만남이 가져온 결과는?

'신선이 사는 곳에 약수藥水가 삼천리 흐른다 한들, 목마른 이에게 표주박 물 한 모금이 중요하다.'는 말이 있다. '신선과 약수 삼천리'는 다분히 도가적이다. 반면에 '목마른 이에게 물 한 모금'은 현실과 부합하는 유가적인 표현이다.

노장사상을, 후세 사람들이 발전시킨 도교의 바탕에는 뜬구름처럼 남겨놓은 노자의 메타포와 여기에 한술 더 떠 노자의 사상을 빛나게 한 장자의 노고가 종횡으로 직조되어 있다. 『주역』에는 "그 최상에 태극이 있어서 태극은 음양을 낳고 음양은 사상을 낳고 사상은 팔괘를 낳는다."고 써있다. 이에 비해 『도덕경』〈제42장〉에 "도는 하나를 낳고 하나는 둘을 낳고 둘은 셋을 낳고 셋은 모든 것을 낳는다. 만물은 음을 업고 양을 껴안으며 상승하는 기운으로 조화를 이룬다고 말한다. 도생일, 일생이, 이생삼, 삼생만물, 만물부음이포양, 충기이위화道生一, 一生二, 二生三, 三生萬物, 萬物負陰而抱陽, 沖氣以爲和."

도가에서는 '제왕이 옷깃을 늘어뜨리고 가만히 있기만 해도 천하가 저절로 다스려진다.'는 경지를 추구했고 '큰 나라를 다스리려면 작은 물고기를 조심스레 구워내는 것과 같아야 한다. 치대국약팽소선治大國若烹小鮮.'와 또한 '고요함으로 움직임을 다스리고 부드러움으로 강함을 이긴다. 이정제동 이유극강以靜制動 以柔克剛.'라고 하여 '한 번의 움직임은 한 번의 고요함만 못하다.'고 했다.

2천2백여 년 전 고대 서한 초기 무렵 '문경지치文景之治'의 업적으로 빛났던 제4대 황제 효경제孝景帝(BC 188~BC 141) 때의 일이다. 뒤를 이은 무제가 동중서의 건의를 받아들여 유학을 관학으로 삼고 한漢나라의 통치이념으로 확립시키기 전의 일이기도 하다. 고조 유방劉邦 이후 혜제, 문제, 경제에 이르기까지 황실에서는 노장사상을 근간으로 하는 도교道敎를 숭상했다. 효문제의 황비였던 두태후, 그녀의 아들이었던 경제景帝가 하루는 당시 유명한 도학자 황생과 유학자 원고를 불러들여 탕무혁명-상나라의 탕왕이 하나라의 걸왕과, 주나라의 무왕이 상나라의 폭군 주왕을 몰아내고 각각 새로운 나라를 세운 혁명-에 대해 토론할 기회를 주었다. 『사기』〈유림열전儒林列傳〉에 나오는 내용이다.

먼저 도학자 황생黃生이 "모자는 아무리 헤져도 머리에 써야 하며 신발이란 새것이라도 반드시 발에 신는 것입니다. 탕왕은 걸왕의 신하일 뿐이고 무왕도 상商의 주왕을 섬겨야 할 신하인데 혁명이랍시고 어찌 왕위에 오른단 말입니까?" 이에 원고轅固가 말했다. "그대의 논리대로라면 고조가 진秦을 멸망시키고 제위에 오른 것도 반역이겠구려!" 토론이 격렬한 수위에 이르자 경제가 중재에 나섰다. "고기를 즐겨 먹는 자가 말의 간肝-약간의 독성이 있다고 함-을 먹지 않는다고 해서 고기맛을 모른다고 할 수 없소, 또 학문을 하는 자가 탕무혁명湯武革命에 대해 논하지 않는다고 해서 무지하다고 할 수는 없소, 그러니 논쟁을 그만 두시오." 그러나 경제의 모친 두태후는 곱게 넘어가지 않았다. 그녀는 원고를 불러들여 강제로 『노자』를 읽게 했다. 원고는 노자를 반쯤 읽다 말고 "이 책은 무식한 종들이나 읽음직한 내용이다."고 비아냥댔다. 도가의 가르침으로 경제景帝의 치국에 많은 도움을 주던 그녀는 발끈하여 원고를 돼지가 우글거리는 돼지우리에 가두고 말았다.

공자가 진나라와 채나라 사이에 포위되었을 때 일주일 동안 따뜻한 음식을 먹지 못했다. 그때 대공 임任이 찾아와서 공자를 위로하면서 말했다. "제가 예전에 크게 이룬 분 대성지인 大成之人에게서 들은 바를 말하겠습니다. '스스로 공을 뽐내는 사람은 공이 없고 공을 이룬 사람은 무너지고 명성을 이룬 사람은 이지러진다. 자벌자무공 공성자타 명성자휴自伐者無功 功成者墮 名成者虧.'라고 말했습니다. 공명을 버리고 보통 사람으로 돌아오는 사람이 과연 누구입니까? 크게 이룬 분은 자신이 터득한 도道가 천하에 퍼져도 자기 공功이라 밝히지 않고 자신의 덕德이 세상 어느 곳에 행해져도 그 명성에 머물지 않습니다. 이런 사람은 순수하고 평범해서 자신의 흔적을 지우고 권세를 버리며 공명을 따로 추구하지 않습니다. 지인은 "이처럼 세상에 알려지지 않는 법인데 어찌하여 선생께선 공명을 쌓는 걸 기뻐하십니까? 시고무책어인 인역무책언 지인불문 자하이재?是故無責於人 人亦無責焉 至人

不聞 子何喜哉?"

　장자 외편 열네 번째 〈산목편山木篇 4〉에 나오는 이야기이다. 공자를 찾아와 위로한 대공 임任이 '대성지인'을 말하기에 앞서 동해에 사는 의태意怠란 새의 비유를 들어 불사지도, 즉 죽지 않는 도에 대해서 말한다. 의태란 새는 느릿느릿 더디게 날아서 언뜻 보아 무능한 새처럼 보인다. 그래서 날 때는 다른 새들의 도움을 받고 머물 때는 다른 새 떼 속에 끼어 있다. 함부로 다른 새보다 앞서 날지 않고 뒤처지지 않을 뿐만 아니라 음식을 먹을 때도 다른 새보다 먼저 맛보지 않고 반드시 차례대로 먹는다. 안으로 새들의 행렬에 따돌림받지 않고 바깥으로 사람들로 해를 입지 않아 재앙을 면한다. 공자에게 의태라는 새처럼 처신하시라는 불사지도의 말을 하고 있다. 이 말은 장자 내편 네 번째 〈인간세편〉에 나오는 마음의 불구자인 광접여狂接輿가 자연스런 덕의 불구자인 공자를 향해 부르는 노래 일부분에도 잘 나타나 있다.

　'공자여, 공자여 사람을 내려다보며 덕을 베푸는 일을 그만두시오! 인의예지와 같은 기준을 주창하는 건 정말로 위험합니다. 가시 많은 탱자나무 같은 공자여, 내가 내 발로 걸어가는데 제발 가시로 상처 내지 마시오!'

　앞서 기술한 〈산목편 4〉의 대성지인에 관한 이야기는 노자 도덕경 〈제24장〉에 나오는 내용과 흡사하다.

　"스스로 드러내는 사람은 밝지 못하고 스스로 뽐내는 사람은 공이 없고 스스로 자랑하는 사람은 성장하지 못한다. 그것은 도에 있어서 말하자면 밥찌꺼기나 쓸데없는 행동이니… 그러므로 도를 지닌 사람은 거기에 처하지 않는다. 자견자불명 자벌자무공, 자긍자불장, 기재도야 왈, 여식췌행…고유도불처自見者不明 自伐者無功, 自矜者不長, 其在道也 曰, 餘食贅行…故有道不處." 〈산목편〉의 두 가지 이야기는 정신에 얽매이지 않을 때 진정한 자유를 얻게 되는 것을 말하고 있다.

〈산목편 5〉의 이야기이다. 공자가 상호선생을 만나서 자신의 안타까운 처지에 대해 하소연한다. 자신은 노나라에서 두 번 쫓겨났고 송나라에서는 옆에 있던 나무가 넘어져서 그 밑에 깔릴 뻔했고 위나라에서는 종적을 감춰야 했고 진과 채蔡나라 사이에서는 포위된 적이 있습니다. 이런 환란을 대여섯 번이나 겪자 지인과 제자들과 벗들도 차츰 흩어지고 말았습니다. 어찌 이런 사태가 벌어졌는지요? 그러자 상호桑雽 선생은 갓난애를 업고서 달아났던 은나라 사람 이야기를 꺼냈다.

"은나라 환난 중에 갓난애를 업고 달아난 사람의 이야기를 선생만 듣지 못하셨습니까? 은나라 사람 임회林回는 환란이 일어나자 값이 천금이나 되는 옥을 버리고 그 대신 핏덩이 갓난애를 업고서 달렸지요, 그러자 누군가 물었지요, 천금이나 되는 옥을 버리고 갓난애를 업고서 달린 건 어째서지요? 임회가 말했다. "옥은 나와 이득으로 맺어졌지만 갓난애는 천륜으로 맺어졌소. 이득으로 맺어진 건 궁지에 몰리거나 환란이 닥치면 서로 버리지만 천륜으로 맺어진 건 궁지에 몰리거나 환란이 닥쳐도 서로 거두지요. 피이이합, 차이천촉. 부이이합자 박궁화환해상기야, 천이촉자 박궁화환해 상수야彼以利合, 此以天屬. 夫以利合者 迫窮禍患害相棄也, 天以屬者 迫窮禍患害 相收也." 필자도 서재 한 귀퉁이에 크게 써 붙여 놓고 늘 들여다보며 나 자신을 성찰하는 문장이기도 하다.

잠시, 장자의 이야기를 벗어나서 먼 하늘을 바라본다. 서한 시대의 낙양 시정의 잡다한 기록이 담겨 있는 〈서경잡기西京雜紀 권5〉에 나오는 겸양과 진정한 이利에 대한 내용이다. 서한 시대 유학자 공손홍孔孫洪(BC 200~BC 121)이 한무제 원광 5년(BC 130), 국사國師로 추천되자 천자께서 현량지사로 삼아주셨다. 이에 국인 추장천이, 그 집안이 가난하여 거두어들이는 수입마저 적으리라 여겨 공송홍에게 자신의 옷을 벗어 입혀주고, 자신이 쓰고 있던 모자와 신고 있던 신발까지 벗어 주었다. 그리고 꼴 한 줌과 흰 실 한 타래, 동전을 모아두는 토기 저금통 하나를 주면서 이러한 편지를 써 보냈다.

"무릇 사람이란, 드러나지 않을 때나 드러나 이름을 날릴 때를 막론하고 그 살아갈 도란 존경심에 있는 것입니다. 비록 벤 지 얼마 안 되어 마르지 아니한 꼴 한 줌과 같이 천賤하다 할 지라도, 이것이 군자의 덕을 무시하거나 경홀히 여길 수 없습니다. 그래서 그대에게 꼴 한 줌을 베어드리는 것입니다." 여기서 꼴은 겸양의 도를 항상 지니라는 가르침이다. 흰 실 한 타래의 유래를 보면 다섯 올의 실을 엮으면 엽이 되고, 이 엽을 배로 하면 한 승升이 되며, 이 승을 배로 하면 한 직이 된다. 이 직을 배로 하면 기紀가 되고 이 기를 배로 하면 한 종緩이 되고 이 종을 배로 하면 한 수襚가 된다. 이는 바로 적은 것이 모여 많은 것이 되며 희미한 것으로부터 현저한 것이 된다는 뜻이다. 이에 대한 은유였다고 볼 수 있다.

다시 장자로 돌아와서 본다면, 공자가 내세운 인의예지의 가르침은 가르치려 드는 자의 우월성을 드러내고자 하는 오만傲慢의 결실일 뿐이다. 오만은 비극적 인간의 첫 단추다. 자신이 누리는 현재의 혜택이나 특권을 성취했다고 착각하는 마음이다. 이는 희랍어로 Hubilis이다. 자신의 초심을 잃고 난 뒤 반드시 따라오는 극도의 자만심이자 과도한 확신이다. 사람이 휴비리스라는 병에 걸리면 곧 마음의 장님이 된다. 자신 앞에 다가오는 위험을 감지하지 못하는 병이다. 최근 매스컴에 회자 되어 씁쓸했던 말, 특혜를 누리던 자들은 정상적인 것도 특혜로 보인다. 어떤 이는 이렇게 한탄할 것이다.

'나는 내 마음을 밝은 달에 의탁했건만/어찌하여 달빛은 도랑만 비추는가-아심탁명월/하월영소구我心托明月/何月映小溝-' 병든 자이다.
　인간은 자신의 심연에서 섬광처럼 반짝이는 빛의 줄기를 감지하고 세심하게 성찰하는 법을 배워야 한다. 이것은 진정한 자연의 소리를 듣는 것이다.

장자의 외편과 잡편은 후세 추앙자들이 가필했다는 설도 무성하다. 외편의 〈산목편 5〉이야기의 말미에 자연스런 벗의 사귐에 대해서도 말하고 있다. "군자의 사귐은 마치 물과 같이 담백하고, 소인의 사귐은 단술처럼 달콤하다. 군자지교담약수 소인지교감약례君子之交淡若水 小人之交甘若醴." 사실 장자는 많은 이들과 교유하지 않았던 걸로 알려져 있다. 인간은 평등을 추구하는 본성이 있다. 이는 자연에 자신을 의탁했을 때 가능한 일이다. 콩고의 밀림에서 평화롭게 살아가는 음부티족의 일화를 소개한다. 그들은 수렵과 채집 생활을 한다. 누가 사냥했든지 그날 잡은 고기는 공평하게 나누는 것이 부족의 생활 철칙이다. 힘세고 거만한 세푸가 고기를 몰래 착복하려다가 들켰다. 이를 어떻게 처리할까? 누군가 단호히 말했다. "우린 그동안 세푸를 인간으로 대접해왔소? 이제부터 그를 짐승으로 대합시다!"

28 하는 일 없이 저절로 되게 한다?

『장자』외편 열세 번째 이야기가 〈전자방田子方〉이다. 장자에서 실명으로 편명을 정한 것은 내·외편을 통틀어 〈전자방〉밖에 없다. 물론 잡편에는 〈경상초〉, 〈서무귀〉, 〈열어구〉편이 실명으로 기록된 편명이다.

〈전자방〉의 이야기 중 여섯 번째와 열 번째가 벼슬과 봉록에 관한 이야기이다. 얼마 전 가짜 수산업자가 언론계와 검찰, 경찰의 고위 간부에게 뇌물을 뿌리고 그것을 수수하면서 김영란법 위반으로 수 명이 입건되고 20여 명에 대해 내사를 벌였으나 고작 뇌물을 뿌린 자만 구속되고 수뢰혐의자들은 흐지부지된 일이 있었다. 현실을 감안할 때 이 이야기는 현세를 살아가는 이들에게도 깊은 깨달음을 던져 주고 있다.

『서경』제4편 주서 제22장 〈주관周官篇〉에 주성왕이 대소 신료들을 모아놓고 분부한 내용이다. "위불기교 녹불기치位不期驕 祿不期侈

관료의 자리가 높아지면 어느 때부터 교만해지고 녹봉이 많아지면 어느 때부터 사치하게 된다."는 말로 신료들에게 엄격한 몸가짐을 가지라고 요구하고 있다.

〈전자방 6〉 중 일부다. "백리해는 벼슬과 녹봉 따위에 마음을 두지 않는데도 그가 소에게 먹이를 주면 살이 쪄서 진秦 목공穆公은 그의 천한 신분임에도 불구하고 정사를 맡겼다. 순임금도 왕이 되기 전에 부모가 늘 자식을 죽이려 했는데 생사를 마음에 두지 않아 다른 이를 감동시키는 데 부족함이 없었다. "백리해작록불입어심 고반우이우비, 사진목공망기천 여지정야. 유우씨생사불입어심, 고족이동입百里奚爵祿不入於心 故飯牛而牛肥, 使秦穆公忘其賤 與之政也. 有虞氏生死不入於心 故足以動入." 백리해는 성이 맹씨로 진나라 어진 사람이었는다. 그는 벼슬과 녹봉을 마음에 두지 않았는데도 군주가 나랏일을 책임지도록 해 벼슬과 녹봉이 저절로 따라왔다. 순임금도 왕이 되기 전에 부모가 늘 그를 죽이려고 했는데 죽지 않고 왕의 자리에 올랐다는 것은 생사를 마음에 두지 않고 성심을 다 한 결과 다른 사람을 감동시키는 데 부족함이 없었던 탓이다.

『역경』〈계사전 상편〉에 "좋은 일 있는 사람은 말수가 적고, 조급한 사람은 말이 많다. 이자사평 위자사경易者使平 危者使傾."이라 했다. 청나라 때 공공연하게 자행되었던 뇌물문화는 관료 사회에서 일의 원활한 진행을 위한 윤활유 역할을 했다. 하위 또는 지방 관료가 상위 또는 중앙관료에게 명절과 생일 때마다 보낸 떡값, 겨울 땔감비인 '탄경炭敬' 여름 얼음비인 '빙경氷敬' 윗사람을 방문할 때 문지기에게 찔러주던 '문경門敬' 관리의 수행원에게 사례하는 '근경近敬' 관리가 떠나기 전에 그동안 보살펴 주어 감사하다는 의미로 건네는 '별경別敬' 등 온갖 뇌물문화가 성행했다. 심지어 항주 지방에서는 상위 관청에서 허드렛일을 맡아하는 오랑五郎에게 까지도 뇌물이 상납됐다. 오랑이란 정미공, 이발사, 변소 청소하는 자, 구두장이, 전당포업자를 말한다.

〈전자방 10〉에 나오는 이야기이다. "견오가 손숙오에게 물었다. '선생은 재상令尹을 세 번이나 지냈어도 이를 영화로 여기지 않고, 또 재상 자리에서 세 번이나 물러났어도 걱정하는 빛이 없습니다.' 손숙오가 말했다. '제가 어째서 남보다 나은 데가 있겠습니까? 저는 저절로 찾아오는 자리를 물리치지 못하고 저절로 떠나가는 자리도 멈추게 할 수 없습니다.' 견오문어손숙오왈: 자삼위영윤이불영화, 삼거지이무우색. 손숙오왈, 오하이과인재! 오이기래불가각야, 기거불가지야. 肩吾聞於孫叔敖曰: 子三爲令尹而不榮華, 三去之而無憂色. 孫叔敖曰, 吾何以過人哉! 吾以其來不可却也, 其去不可止也."

이 말을 전해들은 공자가 제자들에게 한 말이다. "진인의 정신은 큰 산에 방해받지 않고 깊은 못에 들어가도 젖지 않고, 낮은 지위에 처해도 이에 미리 대비하지 않네. 약연자, 기신경호대산이무개, 입호연천이불유 처비세이불비若然者, 其神經乎大山而無介, 入乎淵泉而不濡, 處卑細而不備."

사막은 일신교적 감수성에 적합하다고 알려져 있다. 유대교. 기독교, 이슬람교 모두 사막에서 발흥했다. 사막 중심부로 향할수록 신의 영역에 더 가까워진다는 말도 있다. 리비아 사막 한가운데서 성 안토니우스가 개인적 은수자隱修者로 조용히 머물다 이 땅을 떠났듯이 공자가 말한 진인眞人의 정신도 그러했으리라.

마치, 중국 남방의 유명한 여덟 가지 차茶 중에서 사람의 생사를 쥐락펴락하는 그 차의 중간쯤에 서 있는 듯하다. 강소성 태호 동정산 벽라봉에서 자생하는 차나무에서 얻을 수 있는 벽라춘차碧螺春茶는 하살인향嚇煞人香이 풍겨져 나와 사람을 순식간에 놀라 죽게 하는 차이다. 또한, 여산 운무차雲霧茶는 진고환동振枯還童이라 하여 그 차를 몇 년간 마시게 되면 어린아이로 되돌아간다는 설이 있다. 그 중간쯤에 진인이 있으리라.

다시 본문으로 돌아와서 견오肩吾는 가공의 인물로 본래 면목의 나를 책임지는 사람을 뜻하는데, 장자 내편 〈소요유편〉에 등장하였다. 손숙오는 실제 인물로 초나라 재상을 세 번이나 지낸 훌륭한 인물이다.

『역경』 〈계사전 상편〉에 "앙이관천문 부이찰지리仰以觀天文 俯以察地理 우러르니 하늘이 잘 관찰하고 구푸려 땅을 잘 살핀다."는 말이 있다. 진인 그도 황새처럼 높은 곳에서 세상을 보았을 것이고 집에서 제사 지내듯이 지극 정성으로 살폈을 것이다. 사마천은 노자의 사상을 무위자화無爲自化라는 말로 요약했다. 인위적으로 하는 일 없이 저절로 되게 하고 자리에 오르고 떠남도 저절로 이루어지게 함을 손숙오의 입을 빌려 장자도 말하고 있는 것이다.

조선시대 〈승정원일기〉는 세계 기록 문화유산이다. 거기에는 새로이 지방관아의 수령으로 명을 받은 이들이 임금께 하직 인사하는 기록이 보인다. 먼저 그들이 임금께 나아와 소회와 이력을 아뢰고 나면 지방관아의 수령이 힘써야 할 일곱 가지 조목인 〈수령칠사〉를 명한다. 농산진흥, 호구증수, 학교발흥, 군정치사, 부역균일, 사송간편, 무오간활이 그것이다. 무오간활無誤奸猾은 소위 편벽함이 없이 공명정대하게 일을 처리하라는 의미이다. 〈수령칠사〉의 내용은 무위자화와는 거리가 먼 인간의 노력과 정성을 요구하고 있을 뿐으로, 유위자화의 극치를 보여주는 유가사상의 그림자가 짙게 드리워져 있다.

옛 진인에 대한 설명은 내편 〈대종사大宗師篇〉에서 다루어진 바 있다. 그는 사는 걸 기뻐할 줄 모르고, 죽는 걸 싫어할 줄 모른다. 그래서 세상에 나온 걸 기뻐하지 않고 또 다른 세상에 들어가는 것도 거부하지 않는다. 홀가분하게 왔다가 홀가분하게 떠날 뿐이다. 생명을 받아 이 세상에 왔다가 때가 되면 원래 상태로 되돌아가는데 이를 가리켜 "도를 손상하지 않고 인간 세상의 이치로 자연의 원리를 파악하지 않는다. 망이복지 시지위불이심손도, 불이인조천忘而復之 是之謂不以心損道 不以人助天."고 장자가 말하고 있는 것은 있는 그대로의 수용이라는 말로 그 절정을 이루고 있다고 말할 수 있다.

거기에 비해 변혁을 통한 유위有爲의 전형을 무위의 모습으로 유사하게 보여주는 것이 '사士'의 개념이다. 사는 귀족이었지만 천자, 제후, 대부와 결정적인 차이가 있었다. 소유의 문제였다. 사는 부동산을 소유할 기회가 아주 드물었다. 천자처럼 천하를 거느리거나 제후나

대부들처럼 봉국封國이나 채읍을 소유하지 못했다. 몸 하나가 전 재산이었다. 그들에게 가장 중요한 것은 수신修身이었다. 선비가 고상한 품성과 더불어 뛰어난 학식이나 무예를 겸비했다면, 대부들의 채읍을 관리하는데 조력자가 될 수 있었다. 그들의 임무는 수제치평으로 몸을 닦아 집안을 바르게 하고 세상을 평안하게 해야 했다.

〈전자방〉전 장에서 말하고 있는 것은 바로 이 점을 백리해와 견오를 통해서 장자는 일깨우고 있다. 역경〈계사전 상편〉에 "어떤 것을 흉하다고 하고, 어떤 것을 길하다고 합니까? 잃어버린 것을 흉하다고 하고 얻는 것을 길하다고 합니다. 길흉자 언호기실득야吉凶者 言乎其失得也" 얻거나 소유하는 것은 문화적 개념일 뿐이다. 춘추시대에 있었던 일이다. 흥미로운 사회 통념이었다.

춘추 오패 중 한 사람인 초 장왕이 아주 귀히 여기고 애지중지했던 활 하나를 잃어버렸다. 재상과 대신들은 물론 온 나라 백성들이 전전긍긍하게 되었다. 초나라 온 백성이 두려워 떨고 있다는 소식이 초 장왕의 귀에 들어갔다. 이에 장왕이 그의 신하들에게 말했다. "찾을 필요 없다. 내가 활 하나를 잃어버렸으면 다른 사람이 활 하나를 얻게 되는 것이니 잃은 것도 아니지 않는가?" 그 말을 듣고 모두 기뻐했다. 사실 우리가 지닌 득실의 구분이란 큰 의미가 없다. 백리해가 재상의 자리에 있을 때나 자리에서 물러 나올 때나 일반인들의 생각이 갇혀 있을 때에만이 길흉을 따진다고 볼 수 있다. 백리해가 재상의 자리에 있을 때 회린悔吝-번뇌 또는 골칫거리-의 틀을 벗어남으로 잘된 일일지도 모른다. 역경에 "천하의 모든 것은 절대적으로 좋은 일도 절대적으로 나쁜 일도 없다. 무구자 선보과야无咎者 善補過也."라는 말이 있다. 만약 좋다고 생각하면 회린의 덫에 걸리고 말기 때문이다.

사기史記 〈춘신군열전春信君列傳〉에 "당연히 처단해야 할 것을 처단하지 않으면 훗날 그로 말미암아 어지러워진다. 당단부단 반수기란 當斷不斷 反受其亂."라 했다. 회린에 걸려들지 않으려면 우리들이 끊어야 할 것은 인위, 즉 유위자화有爲自化이다. 이는 참 지혜의 삶이라 할 수 있다.

29 얕은 지식이 불러오는 일은?

한국인의 능력주의는 오랜 세월 동안 과거제도科擧制度, 입신 출세주의, 고시제도, 학력주의의 바탕 위에 성장해왔다. 능력을 정의로 여기며 집착하게 되었고 결과적으로 혐오와 차별화를 정당화시켰다. 이것이 한국인의 능력주의에 대한 기본적인 인식이다. 어떤 이는 현실적 능력주의와 이상적 능력주의로 구분해서 말한다. 부모의 지위나 부富의 수준, 학벌 특혜 등 일종의 위장된 신분제가 작동하는 능력주의를 현실적 능력주의라고 말한다. 거기에 비해 세습적, 신분제적 요소가 제거되고 온전한 능력에 따라서 결과가 나타나는 능력주의를 이상적 능력주의라고 말한다. 이 또한 경쟁의 그라운드에서 일어선 경우로써 차별의식을 길러왔다. 그러면서 능력주의가 작동하면 할수록 반열에 오르지 못한 자들의 불공정 의지는 강해지고 사회적 부담과 비용만 상승하게 된다는 것이다. 능력주의 지배하에서는 민주주의 발전에 한계를 드러낼 수밖에 없다고도 한다.

과거, 우리나라의 현실적 능력주의를 지향했던 행태를 들여다보면 꽤 흥미롭다. 고려시대에 8학군이 존재했었다면 어떻게 받아들일까, 도교에서는 문창제군을 공부의 신으로 모셨다. 과거 시험에 응시하기 전 문창제군文昌帝君을 모신 사당에서 향을 사르고 기도한 뒤에 과거에 응시하는 전통이 있었다. 고려에서도 과거 급제를 준비하기 위한 사설학원이 있었다. 그 효시가 1055년 해동공자 최충(984~1068)이 개경 송악산 아래 자하동에 세운 최초의 사학 문헌공도文憲公徒였다. 입학 자격을 국자감 7품 이상의 자녀로 한정하여 아홉 개 반으로 편성, 과거 급제를 위한 과외를 하였다. 고려 천재 시인 이규보(1168~1241)도 이곳 출신으로 해마다 여름철이면 개풍군 장단면의 구법사 승방의 속칭 족집게 과외였던 하과夏課에 참여했다. 이들은 각촉부시刻燭賦詩라 하여 촛불에 눈금을 그어놓고 그곳까지 타들어가기 전에 시를 짓는 모의시험을 펼쳤다. 훗날 조선 개국의 근간을 세운 삼봉三峰 정도전도 12공도 출신이었다. 이어서 지금의 영재학교라 할 수 있는 〈홍문공도〉, 〈남산공도〉, 〈문충공도〉 등도 과거에 응시하려는 학동들로 문전성시를 이루었다.

자하동에 이어 교육특구라 할 수 있는 용산동에 진수재晉秀才라는 스타강사가 나타났다. 이규보가 진수재를 소개하는 시를 남겼다.

'용산을 가로지른 성 서쪽 모퉁이에/우뚝 솟은 푸른 봉우리/한가로운 사람 그 밑에 집을 지었네/모든 서생 마치 물고기 떼처럼 모여들어-용산횡침성서각/두기분래일봉록/하유유인수간옥/백면학자어취족龍山橫枕城西角/斗起奔來一峰綠/下有幽人數間屋/百面學子魚聚族-'

이 두 곳의 부동산 가격에 대한 기록은 남아있지 않다. 고려 8학군의 예에서 볼 수 있듯이 신분 세습을 노리는 현실적 능력주의와 이상적 능력주의의 실험장이 실재했었다. 조선 중기 문신 황준량 (1517~1563)의 시문집인 『금계집錦溪集』에 최충의 문헌공도를 티 나지 않게 폄하하고 있다. "최충이 구재를 설치하고 후학들을 가르쳐 세상에서 그를 해동부자라 일컫습니다. 그러나 세상에 적용하여도 도를 밝힌 효험이 없었고, 자신에게 돌이켜 궁구한 실질이 없었습니다. 그러므로 그 문하의 영향을 받은 자들이 모두 문장이나 수식하는 부박浮薄한 선비들이었습니다. 세상에 근본을 힘쓰고 사특邪慝한 것을 억누르는 의리에 대해서는 듣지 못하여 담론하는 것이라곤 단지 성현들 말씀의 찌꺼기였습니다."

이러한 사회적 현상을 장자는 어떻게 말하였을까? 『장자』 외편의 마지막 장인 〈지북유知北遊〉에 이르렀다. 외편 첫 번째 장인 〈변무〉를 비록 모두 열다섯 장의 외편 중 〈추수〉, 〈지락〉, 〈달생〉, 〈지북유〉 등 여섯 장을 '장자사상을 서술한다'는 의미로 술장파의 저술이라고도 한다. 흥미로운 사실은 장자 내편 시작이 〈소요유〉이고 외편 마지막 장이 〈지북유〉이다. '유遊'는 장자에서 가장 많이 등장하는 단어 중 하나이다. 아마도 논어에서 '인仁'의 개념 만큼이나 많이 거론되고 있다. 〈내편〉의 시작이 유로 문을 열고 〈외편〉의 마지막이 유로 문을 닫는다는 점은 〈내·외편〉 모두를 '유遊'의 관점에서 들여다보면 장자 사상에 보다 가깝게, 또 깊게 다가갈 수 있다는 점을 암시한다고 할 수 있다.

〈지북유〉에는 모두 열두 가지의 이야기가 나온다. 그 중 첫 번째와 마지막 열두 번째의 이야기를 소개함으로 유의 개념에 한 발짝 더 가까이 다가설 수 있으리라. "지知가 북쪽 현수가를 노닐다가 음분이라는 언덕에 올랐을 때 때마침 무위위를 만났다. 지知가 무위위無爲謂에게 물었다. '묻고 싶은 게 있는데 무얼 생각하고, 어떻게 사려 해야 도를 아는가? 어떻게 처신하고 무엇을 위해 일해야 도에 편히 머무는가? 내가 무얼 따르고 어떤 방법을 써야 도를 터득하는가?' 세 가지를 물어도 무위위는 아무런 대답을 하지 않았다. 대답을 하지 않는 게 아니라 대답할 줄 몰랐던 것이다. 잠깐, 무위위라는 가공인물의 이름이 지닌 의미를 잠시 생각해야 한다 -아무 것도 하지 않는데 되고 있다. 혹은 되어있다?-지위무위위왈: 자욕유문호고, 하사하려즉지도? 하처하복즉안도? 하종하도즉득도? 삼문이무위위부답야, 비부답 부지답야 知謂無爲謂曰: 子欲有問乎苦, 何思何慮則知道? 何處何服則安道? 何從何道則得道? 三問而無爲謂, 非不答 不知答也." 무위위는 그의 이름을 보아서는 하고자 함이 없음이란 뜻이므로 뭔가 아는 사람으로 들린다. 그럼에도 그는 도道를 알거나, 도에 거하거나 도를 얻는 방법을 몰랐던 것이다.

지知가 백수 남쪽으로 가다가 호결이란 언덕에서 광굴狂屈을 만나서 같은 질문을 하였으나, 만족스런 답을 듣지 못하고 황제의 궁에 이르러 황제에게 똑같은 질문을 아뢰자, 그가 지에게 대답한다.

"도를 아는 사람은 말하지 않고 말하는 사람은 도를 알지 못하네. 고로 성인은 불언지교, 즉 말로 표현하지 않는 가르침을 행하네. 도는 말로 도달하지 못하고, 덕은 인위로써 이르지 못하네. 그런데 인은 덕에 가까워서 그대로 실천에 옮겨도 되지만 의義는 분별에 흐르기 쉬워 그 사용을 줄여야 하네. 그리고 예禮는 형식을 존중함으로 서로를 속일 수 있네…. 도를 잃은 뒤에 덕이 중시되고, 덕을 잃은 뒤에 인仁이 중시되고, 인을 잃은 뒤에 의가 중시되고, 의를 잃은 뒤에 예가 중시된다네. 따라서 예禮는 도의 겉치레이자 혼란의 우두머리라네…. 도를 닦는 사람은 그 방법을 구하기 전에 매일 버리는 자일세…." 도를 터득하기 위해서는 무엇보다 무위無爲, 즉 하고자 함이 없어야 한다는 말이다. 그래서 놀다는 의미의 유遊를 저렇게 썼을까?

노자의 『도덕경』 제48장에는 "배움을 이루면 날마다 더해지고 도를 닦으면 날마다 덜어진다. 버리고 또 버림으로써 무위의 경지에 이른다. 위학일익 위도일손 손지우손 이지어무위爲學日益 爲道日損 損之又損 以至於無爲."라고 말했다.

앞 장인 〈전자방〉에 나오는 진정한 화가의 이야기를 통해 도의 겉치레인 예를 잠시 보자, 춘추시대 송나라 원군元君이 자신의 도록에 들어갈 그림을 그려 올리도록 명하자, 몰려든 화공들은 절하고 일어선 뒤 황급히 붓을 빨고 먹을 갈았다. 한 화공은 느지막이 도착해서 서둘지 않다가 절을 마치고 숙소로 돌아갔다. 원군이 사람을 시켜 그를 살펴보게 했더니, 옷을 몽땅 벗은 채 콧노래를 부르면서 그림을 그리더라는 것이었다. 이 말을 들은 원군은 '그가 참된 화공畫公이다.'라며 그의 그림을 채택했다는 이야기다. 남에게 보이는 외양인 겉치레를 몽땅 벗어 둔 채 즐기면서 그림을 그린 화공은 도道의 겉치레를 이미 터득한 자로 보인다.

덜어지고 버린다. 속인들이 행하기에는 어려울지도 모른다. 그럼에도 이것이 사람의 근본으로 돌아가는 길이자, 내편 〈제물론〉의 서두를 장식했던 오상아吾喪我 즉, 본래 면목의 내가 살아가면서 만들어진 나를 없애는 과정이라고 할 수 있다. 사람들은 아름다운 것을 신기하다고 하고, 추한 걸 더럽고 썩은 거라고 말한다. 그렇지만 인간 세상에는 더럽고 썩은 것이 변해서 신기하게 되고 신기한 것이 다시 변해서 더러워진다. 잠시 빗나간 서술이다. 유가 사상에서 공자의 대해와 같은 경지와 견줄 바는 못 되지만, 그의 제자인 자사가 쓴 『중용中庸』에는 인간이 도의 주재자라고 밝히고 있다. 중용 첫 머리에 "천명지위성 솔성지위도天命之謂性 率性之謂道"라고 써있다. 여기에서의 성은 애초부터 자연으로부터 온 것이 저절로 그러함이-率性- 도道이므로 얻고자 노력하면 멀어지는 것이 도의 경지라는 말이다. 예를 들어 어린 아이가 말을 배우기 시작하면 솔성하기가 힘들어진다 할 것이다. 마음이 순수하고 깨끗하여 아무런 기쁨과 번뇌도 없는 갓난아이의 마음과 같을 때 솔성지위도에 이르렀다 할 것이다.

"안연이 스승인 공자에게 물었다. '저는 여러 선생들로부터 -죽음에 대해서-보내는 바도 없고 맞이하는 바도 없어야 한다는 말을 들었습니다. 제가 어찌하면 그런 경지에서 감히 노닐 수 있겠습니까?' 공자가 말했다. '옛 사람은 겉이 변해도 안은 변하지 않았는데, 지금 사람은 안이 변해도 겉은 변하지 않네. 그런데 사물과 함께 겉만 변하는 사람은 전혀 변하지 않는 사람이네-자연스런 나이듦-. 그래서 옛사람은 겉이 변해도 이를 편안히 받아들였고, 변하지 않아도 편안히 받아들였네…. 지극한 말至言은 말을 물리치며, 지극히 행함至爲은 행함을 물리친다. 그러니 앎으로 사물을 파악하는 것을 아는 것이라고 여긴 다면 그것은 옅은 앎일 뿐이다.

그렇지만, 사물과 더불어 변하는 우리의 속, 즉 마음은 자신의 생사 문제에 있어서 훨씬 심각한 문제를 야기한다. 시비와 다툼도 마음과 함께 늘 변해서이다. 사실 우리는 자신의 앎이 미치는 데는 잘 알지만 자신의 앎이 미치지 않는 데는 잘 알지 못한다. 자신의 능력도 마찬가 지이다. 그러니 알지 못하고 능력이 미치지 않는 일은 포기하는 것이 바람직하다. 그런데 우리 자신의 얕은 앎으로 사물의 깊은 데까지 파 악하려 드는 탓에 슬픈 일이 자주 생겨나는 것이다.

『시경』에 "학이 높은 언덕에서 우니 그 소리가 온 하늘에 퍼진다. 학 명구고 성문어천 鶴鳴九皐 聲聞於天."이라는 싯구가 있다. 고문에서는 동물의 울음소리를, 새는 규呌, 학은 명鳴, 용은 음吟, 호랑이는 소, 사 자는 후吼, 원숭이는 제, 개는 폐吠라 하여 모두 다르게 표현하고 있 다. 동물들의 울음소리조차도 잘 모르는 우리들이 동물의 내면까지 파악하려 드는 것은 어리석은 일이다. "군자가 한마디 하더라도 그 말 이 선하면 천 리 밖에서도 호응하고, 말은 입에서 나가 타인에게 영향 을 끼치며, 행위는 비근하고 사소한 것이라도 오랫동안 영향을 미친 다."고 공자가 말했다. 나이 쉰이 되어서야 비로소 역경을 연구한 그 가 말과 행위가 중요하다는 것을 보여준다. 그것도 살아있을 때의 문 제이다. 한걸음 더 나아가 장자는 내편 〈제물론〉에서 밝혔듯이 사람 의 근본으로 돌아가는 방법은, 살아가면서 만들어진 나를 없애는 과 정이어야 한다는 것이다.

30 혼자 우쭐한 자가 대인을 찾는다고?

『외줄 타는 장자』도 이제 거의 목적지에 다다르고 있다. 〈내편〉 7편, 〈외편〉 15편을 지나, 후세 사람들이 직접 쓴 글이다, 아니다로 그 글의 진위를 숱하게 논했던 〈잡편〉에 이르렀다. 〈잡편〉은 서진의 곽상(?~312)이 비록 노자의 사상에 치우쳤다고는 하나 장자의 사상을 전함에 있어서 〈외편〉에 버금갈 만큼 중요하다고 여긴 우화, 논설 등을 당시 여러 이본의 외편과 잡편, 기타 중에서 모아 11편으로 편집한 것이다. 당연히 도가사상의 발전한 자취를 보여주고 있다. 특히, 〈우언편〉과 〈천하편〉은 매우 중요한 사상적 결정체라고 볼 수 있다.

그럼에도 필자는 〈내편〉과 〈외편〉을 다루면서 충분한 사상적 검증은 끝이 없다고 여긴 탓에 〈잡편〉 11편 중, 실제 이름으로 편명을 정한 〈경상초〉, 〈서무귀〉, 〈열어구〉편을 통해서 현세인들에게 전하는 메시지를 살펴 봄으로 필을 거두고자 한다.

〈경상초庚桑楚〉는 전체 13장으로 구성되어 있다. 그중에서도 눈길을 끄는 제1장: 경상·노담·남영주 문답 위생우화와, 제5장: 권내지설, 제13장: 천인설을 통해 그 깊은 사상의 맛과 함께 우리에게 전하는 목소리에 귀 기울이고자 한다. 경상초 첫머리에 나오는 우화이다. 초나라 사람으로 경상초라는 노자의 하인이 있었다. 그는 매우 뛰어난 사람으로 노자의 도를 거의 체득하고 북쪽의 메마른 땅, 말 그대로 돌멩이만 구르는 외루산에 가서 살았다. 경상초의 하인 중 지혜가 뛰어난 자는 모두 떠나고 시중드는 여자들도 싫증을 느껴 모두 도망쳤다. 오직 몸에 종기가 잔뜩 난 자와 한쪽 다리를 저는 자가 시중들고 있었다. 경상초가 외루산畏壘山에 살기를 3년, 그곳 사람들의 생활이 크게 풍족하게 되었다. 외루 주민들이 상의했다.

"우리들에게 이렇게 풍족하게 해주신 것을 보면 경상庚桑씨는 성인이 틀림없다. 우리 모두 경상씨를 신으로 받들어 모시고 시尸를 세워 제문을 아뢰고, 그 고귀한 영혼을 이 지방 수호신으로 받들어 진수성찬을 올려야 하지 않겠는가? 외루지민 상여언왈, '세계지이유여, 서기 기성인호. 자호불상여시이축지, 사이직지호? 畏壘之民 相與言曰, '歲計之而有餘, 庶幾其星人乎. 子胡不相與尸而祝之, 社而稷之乎?'" 고대 중국 제례에서는 주로 짚으로 만들어 신령으로 분장시킨 시尸를 사용했다. 제례가 시작되어 신직자神職者가 축사 또는 제문을 읽으면 시尸가 문 밖에서 들어오는 것으로 신령이 내림했다는 것을 상징하는 의례였다.

경상庚桑 선생은 이 말을 듣고 별로 내켜 하지 않았다. 제자들이 우습다고 말했다. 그러자 경상 선생이 "지인至人은 사방 한 장의 작은 방에 조용히 돌아가 있을 뿐이고, 백성들은 마음 내키는 대로 자연스럽게 행동한다고 들었다. 그런데 지금 외루의 가난한 사람들마저 소곤거리며 나를 마치 세상 속 현인의 무리로 보고 공손히 조와 두豆를 바치려 한다. 나는 저 표지인 사목社木처럼 이름뿐인 인간에 지나지 않는가? 노자의 가르침에 꺼림칙할 뿐이다." 그러자, 한 제자가 이견을 말했다.

"그렇지 않습니다. 저 좁은 도랑에서는 큰 물고기가 방향조차 바꿀 수 없습니다. 도롱뇽이나 미꾸라지 같은 작은 물고기가 주인이 되니 마치 제 세상인 양 돌아다닙니다. 작은 언덕에서 큰 짐승은 그 몸을 숨길 수가 없습니다. 지금도 외루의 백성들이 선생님께 보답하려 하고 있습니다. 그것을 받아들이십시오." 그러자, 경상초는 재차 이른다. "저 사냥마차를 한입에 삼킬 것같은 맹수조차도 그 무리에서 흩어져 홀로 산을 떠나면 그물에 걸려 재난을 피할 수 없고, 배를 한입에 삼키는 거대한 물고기조차 격류로 뭍에 밀려 올라와 물을 떠나면 개미에게 뜯기게 됩니다. 이와 마찬가지로 신체와 생명을 편안하게 온전히 갖고자 하는 자는 그 몸을 세상으로부터 숨김을 은밀하게 하는 것이오."

그렇다. 현자賢者를 등용하면 백성은 남보다 어진 사람이 되려고 서로 다투고, 지자知者를 믿으면 백성들은 자신들의 지知를 서로 뽐내어 서로 도둑질 하게 된다. 현자, 지자, 선행 등과 같은 두세 가지의 물物로는 백성의 생활을 돈독하게 할 수 없다. 백성이 관직, 녹봉 등의 이익을 노려 크게 노력하게 되면, 자식이 아비를 죽이고 신하가 임금을 죽이며 한낮에 도둑질을 하고 남의 무덤에 구멍을 내어 부장된 물건을 훔치는 일이 벌어지게 된다.

다시 기술하게 되지만 『서경』 주서周書 〈주관周官篇〉에 주 성왕이 백관들을 모아놓고 다짐하는 말이다. "위불기교 녹불기치位不期驕 祿不期侈 즉, 관직이 높아갈수록 교만함을 잃게 되고, 녹봉이 많아질수록 사치하게 된다."라는 말이다. 오늘날 현세에서도 흔히 일어나는 일을 무려 3천 년 전에 말하고 있다. 대란大亂의 근본은 반드시 인의仁義를 부르짖는 요순 사이에서 비롯되며 그 말단은 천 대까지도 남아, 반드시 사람이 사람을 해치는 일이 일어날 것을 〈경상초〉편의 첫 머리에 밝히고 있다. 경상초의 현덕으로 그 불모지였던 외루산을 풍족하게 한 공덕 때문에 외루의 백성들과 그의 제자들이 세속의 관습에 따라 그를 신으로 숭상하려 했던 바, 경상초庚桑楚가 이를 배격하면서, 요순堯舜을 대란의 단서를 마련한 자라고 말하고 있다.

목적에 서두르지 않고 그 근본을 순수하게 길러야 한다는 것은 다른 편에도 나와 있지만, 이 우화에 특히 강조되고 있다. 하등 인간은 믿는답시고, 향을 사르고 공양하고 머리 숙여 절하고 끊임없이 한탄하고 매일 같이 반복해서 노래하고 외우는 사람들인데, 이런 것들은 의식일 뿐이다. 나아가 일이 성취되면 "백성들은 말하기를, 내가 -공을 들인 결과로- 이루어진 자연스런 것이라고 한다. 백성개위아자연百姓皆謂我自然."

그러나 노자는 그의 도덕경 〈제2장〉에 '만물은 만들어 내고도 말하지 않는다. 만만물작언이불사萬物作焉而不辭.'라고 말한다. 상商의 탕왕은 일개 여단의 군사로 하夏나라를, 주 문왕은 백 리의 땅을 가지고 서도 덕을 쌓고 인仁을 행함으로 그들의 모략으로 삼아 마침내 대업을 이루었다. 나아가 춘추시대의 모든 패주들은 모두 "있고 없음이 서로 생겨나게 하고, 어려움과 쉬움이 서로 이루어 내며, 길고 짧음이 서로 견주고, 높고 낮음이 서로 기울고 앞과 뒤가 서로 따른다."는 권모술수의 노선을 추구하면서 서로 우두머리가 되려고 다투었다.

진시황은 모략을 써서 여러 나라를 차례차례 삼켰고, 한 고조 유방은 삼척검三尺劍을 손에 쥐고 하찮은 신분으로 진나라를 항복시키고 초나라를 멸망시켰다. 조조曹操 부자의 황위 찬탈음모, 당나라 이세민의 수나라 공격, 이쪽을 치는 듯하면서 저쪽을 치는 원 쿠빌라이의 계략, 회수와 사수 사이에서 주원장이 분기하여 기회를 노린 사건, 금나라 누르하치의 산해관 돌파, 강희제의 제왕술 등은 경상초가 말하는 요순, 즉, 대란大亂의 단서를 확실히 실행한 자들로 볼 수 있다.

나아가, 노자는 〈제2장〉에서 또 말하고 있다. "만물은 생기게 하고도 소유하지 않고 행하고도 자랑하지 않는다." 만물이 하는 소리에 귀를 활짝 열어놓은 자 즉 전기형생지인全其形生之人이라고 말할 수 있다. 정신은 생의 근본이요, 형形은 생의 도구라고 요약할 수 있겠다.

자신의 마음을 반성하는 자는 다른 사람에게 알려져 칭찬받는 일도 없이 자신의 도를 행하지만, 바깥 세간의 일에만 마음 쓰는 자는 허식의 화려함으로 자신을 최대한 포장하려 든다. 타인에게 알려지지 않게 행동하고 있는 자에게는 오히려 항상 변하지 않는 광명이 있다.

"허식의 화려함을 다하려 하는 자는 사람들에게 억지로 물건을 파는 장사치와 같다. 지호기비자 유가인야志乎期費者 唯買人也."〈경상초〉 편 제5장: 권내지설의 첫머리다. 필시 내편〈제물론〉의 '활의지요滑疑 之耀'에서 힌트를 얻은 순자〈권학勸學篇〉의 "다른 사람들이 모르는 노력을 거듭 쌓겠다는 마음이 없는 자에게는 세간에서 얻어지는 빛나는 영예가 따를 수 없고, 눈에 띄지 않는 노력을 거듭 쌓지 않는 자에게는 빛나는 공적이 있을 수 없다. 무혼혼지사자 무혁지공無惛惛之事者 無赫之功."는 사고방식을 복선으로 깔아 외물을 향해 마음 쏟지 말고 내성內省해야 함을 말하고 있다.

"성인은 하늘의 일에는 매우 뛰어나지만, 세간의 일에는 매우 서투르다. 하늘의 일에도 뛰어나고 세간의 일에도 능한 것은 오직 전인만이 할 수 있는 일이다. 무릇 곤충은 태어날 때부터 곤충 그대로다. 곤충 그대로이기 때문에 이른바 하늘을 보전하는 것이다. 유충능충 유충능천唯蟲能蟲 唯蟲能天."고 제12장: 전인설全人說에서 말하고 있다.

한 마리의 참새라도 궁술의 명인인 예羿에게 날아가면 틀림없이 그것을 맞추어 떨어뜨린다고 함은 인간의 기술에 관해 말한 것이기 때문에 그릇된 것이라고 제13장: 천인설에서 장자는 말하고 있다. 그러나 절대의 천하를 새장으로 삼으면 참새는 피할 수 없이 잡히게 된다. 노자의 『도덕경』 제73장에는 "하늘의 그물은 크고 넓어 엉성해 보이지만, 결코 그물을 빠져나가지 못한다. 천망회회 소이부실天網恢恢 疎而不失."고 했다. 인간 세상도 마찬가지이다. 고통스런 노역에 부림을 당하는 죄수는 아무리 높고 험한 곳에 올라가도 두려워하지 않는데,

이는 자신의 생사쯤은 까맣게 잊고 있기 때문이다. 즉 굴욕을 잊어야만이 인간 세상의 일도 잊을 수 있다.

인간 세상의 일을 잊은 자가 곧 세정世情에 움직이지 않고 자연스런 조화를 지니는 이른바 천인天人이다. 그 천인의 심경은 실상 기氣를 평정하게 지니는 마음으로 자연스러움을 쫓는 것이다. 하늘의 자연스런 조화와 일체된 자만이 할 수 있는 것이다. 그럼에도 공자는 군자의 도가 드러나는 곳을 출, 처, 어, 묵, 네 글자로 요약하고 있다. 어찌 보면 인생의 문제는 출처의 문제라 할 수 있다. 사회가 복잡하고 경쟁이 치열할 때는 과연 세상에 나서야 할지 말아야 할지를 결정해야 하는 어려움이 닥쳐온다. 매우 높은 지혜가 필요하다. 제갈량은 조조가 심혈을 기울여 끌어들이려 했어도 결국 나서지 않았다. 정확히 판단한 후에 비로소 나서야 한다. 이것이 출의 문제이며, 옳지 않으면 물러서는 것이 처의 문제이다. 말하지 않아야 할 때는 한 마디, 하찮은 말이라도 하지 않아야 한다. 비록 목숨을 보존하지 못하더라도 또 할 말은 해야 하는 것이 묵墨과 어語의 문제라고 보았다.

세정에 움직이지 않고 자연스런 조화를 도모했던 자들이 취한 행동은 자연에 묻혀 은일자중하는 것으로 하늘 아래 드러나게 된다. 은거隱居라는 말과도 상통한다. 고려 우왕 8년(1386) 문과에 급제, 4년 후 벼슬을 버리고 고향인 선산으로 돌아온 야은 길재吉再(1353~1419). 그는, 조선 건국의 기틀을 놓은 이방원(1367~1422)과는 한때 개경의 같은 마을에 살아서 교류한 적이 있었던 인연으로, 1400년에 실권을 장악한 이방원이 제수한 벼슬을 한사코 마다한다. 그 후 낙향하여 은 일자중하던 중 쓴 그의 「술지述志」라는 칠언절구 한 수를 소개한다.

 '임계모옥독한거/월백풍청흥유여/외객불래산조어/이상죽오와간서
臨溪茅屋獨閑居/月白風靑興有餘/外客不來山鳥語/移床竹塢臥看書-개
울가에 초가 짓고 홀로 사노라니/달은 밝고 바람 서늘해 흥이 절로 나
네/찾는 이 없고 산새 소리뿐이라/대나무 언덕에 평상 옮겨 누워 책
을 읽네-'

31 욕망만 채우는 군주는?

　"깨어있는 지배계층은 양심적인 국민에게서 나오고, 타락한 지배계층은 잠들어 있는 국민에게서 나온다."는 말이 있다. 오죽했으면 오늘날에도 3천 년전 『예기』에 나오는 "예는 서인과는 관계가 없고, 형벌은 상대부에게 적용하지 않는다. 예불하서인, 형불상대부禮不下庶人, 刑不上大夫."라고 이 말을 자신들의 정치에 적용하는 자들이 있었을까? 가끔 서민을 개·돼지로 언급하는 이도 출몰하지만, 하층민 즉, 서민들이야말로 예를 실천할 역량을 갖추지 못했으므로 형벌로 다스리는 것이 마땅하다고 본 것이다. 상대 부자는 누구를 말하는가? 즉, 법률전문가들이다. 이들에게는 형벌로 다스리는 것이 마땅치 않다는 것이다. 오늘날 검찰 특권의식이라 말할 수 있을까? 어이없게도 헌법과 국민들의 상식과는 어긋나게 스스로를 헌법기관으로 자처하려 든다. 자신들은 형벌과 관계가 없다?

　'늙은 쥐꼬리에 난 종기에는 고름이 별로 없다. 노서미파상해절자老鼠末巴上害癤子.'라는 속담에도 나타나듯이 상대부들은 젊은 쥐의 온

몸에 난 종기를 더 선호하고 법의 맹점을 이용해 한 방울이라도 더 차지하려 드는 세태이다. 청나라 건륭제(1711~1799)는 화곤和坤이라는 인물을 재상으로 기용했다. 사실 화곤의 사람됨은 수준 이하였다. 그의 탐관 행위는 하늘을 찔렀다. 건륭이 붕어崩御하자, 뒤를 이어 보위에 오른 건륭제의 아들 가경제(1760~1820)는 화곤의 집을 수색했다. 그의 집에서 나온 재화가 황궁의 것보다 많았다니, 지독한 탐관오리였음이 틀림없겠다 할 수 있다. 건륭이 화곤을 아꼈던 이유가 그냥 아주 편하게 놀아주는 상대로 여겼었다니….

　장자 잡편 중 두 번째 인물로 등장하는 〈서무귀徐無鬼〉에는 모두 열세 장에 걸쳐서 문답과 우화를 고르게 섞어서 장자 사상을 펼치고 있다. 그중 제2장~4장까지의 무후와 서무귀 문답, 서무귀와 여상 문답, 황제 동자문답, 유어물지설과 제13장의 대불혹론에 대해서 살펴보고자 한다. 중국 속담에 '보이지 않는 귀신이나 괴물을 그리기는 쉬워도, 보이는 사람이나 사물을 제대로 그리기란 어렵다. 화귀괴이, 화이물난 畵鬼怪易, 畵人物難.'란 말이 있다. 제1장의 서무귀와 여상 문답인, 진인경해우화眞人罄欬寓話에 나오는 내용과 흡사하다. 서무귀가 여상의 소개로 춘추시대 위 무후를 만나면서 우화는 시작된다.

　무후가 서무귀를 만나자 위로의 말을 건넨다. "매우 피곤해 보입니다. 그 깊은 산속에서 사느라 힘이 드셔서 이렇게 저를 찾아오신 것 같은데…." 서무귀가 대답하길 "제가 주군을 위로해 드리려고 왔습니다." 말을 잇는다. "주군은 입과 배를 즐겁게 하는 욕망을 채우고 호오 好惡의 감정을 키우고 계신데 어찌, 저를 위로하실 수 있겠습니까?"라며 "사냥개의 품평에 관하여 말씀드리겠습니다. 사냥개의 자질이 가장 낮은 놈은 그저 자기 배나 채우려고 애씁니다. 이것은 들고양이의 성질입니다. 이보다 조금 나은 소질을 갖춘 놈은 햇빛이 눈에 부신 듯 눈을 가늘게 뜨고 먼 곳을 바라봅니다. 가장 훌륭한 소질을 갖춘 놈은 넋을 잃어버린 듯한 꼴을 하고 있습니다."

"천하에서 가장 뛰어난 말馬은 태어나면서부터 뛰어난 재능을 지니고 있으면서도 그러한 것이 없다는 듯이, 또 그러한 것을 잊어버린 듯할 뿐 아니라, 더없이 소중한 혼魂마저도 잃어버린 듯한 모습을 하고 있습니다. 이러한 말은 일단 수레에 잡아매어 달리게 하면 뒤로 까마득히 모래 먼지를 남기며 멀리멀리 달려가 버려 어디로 갔는지조차 알 수 없게 됩니다. 어군오상구야. 하지질 집포이지, 시리덕야. 중지질 약시일. 상지질 약망기일…. 천하마유성재, 약휼약실, 약상기일, 약시자 초일절진, 부지기소語君吾相狗也. 下之質 執飽而止, 是狸德也. 中之質 若視日. 上之質 若亡其一…. 天下馬有成才, 若卹若失, 若喪其一, 若是者 超軼絶塵, 不知其所."

무후의 예상과 달리, 멍청해 보이는 개나 어느 말이 최상이라고 거론하는데 시선이 끌린다. 초일절진超軼絶塵에 담긴 풍자로 읽어낼 수 있다. 초는 까마득히라는 뜻으로 욕망, 호오의 속정을 털어내고 탈속해야 한다는 말이다. 공자는 『역경』〈서합괘噬嗑卦〉효사에 대한 견해를 "소인은 난처한 꼴을 당하지 않으면 어질지 못하고, 두렵지 않으면 의롭지 않으며, 이익이 없으면 아무리 권해도 하지 않고, 위협하지 않으면 두려워하지 않는다."고 풀이했다.

이어서, 2장: 흉중지성우화胸中之誠寓話에도 서무귀는 위 무후에게 말을 잇고 있다. 이 장은 앞 장인 '진인경해우화'보다 먼저 씌었다고 알려진 장이다. "천지가 만물을 양육함은 어떤 물에나 평등합니다. 높은 곳에 올라가 있다고 그것을 장대한 것이라고 할 수 없고 낮은 곳에 있다고 그것을 단소하다고 할 수 없습니다. 그런데 주군께서는 큰 나라의 군주로 백성을 괴롭히면서 육체의 욕망만을 만족시키려 합니다. 좋은 일을 성공시킨다는 것은 나쁜 일을 하는 재능인 것입니다. 주군께서 몸소 인의를 행하더라도 그것은 거짓임에 틀림이 없습니다. 꼭 무언가를 하셔야 한다면 가슴속의 성실함을 닦고, 천지자연의 진정에 즉응하여 그것을 어지럽히지 않도록 하십시오."

이상의 '흉중지성우화'는 위 무후와 서무귀의 문답을 빌려 인군은 인의, 언병偃兵-군사를 쓰러지게 하는- 등의 성공에 뜻을 두기 보다는 정신의 성誠을 닦아야 함을 일깨우고 있다. 즉 '몸가짐을 바로 하며 때를 기다리고, 자기를 보존하며 외물을 조율한다. 정신이후시 수기이 율물正身以侯時 守己而律物.'는 의미도 포함되어 있다. 그럼에도 중국 역사상 대다수 군주들은 '양의 불알만 챙기느라 양의 목숨은 돌보지 않았다. 지고양고자 불고양생명只顧羊睾子 不顧羊生命.'

제3장은 황제와 동자문답: 거해우화去害寓話이다. 천계의 주인인 황제가 구자에 있는 산에 가서 대지의 주인인 대외大隈를 만나고자 했다. 그래서 새벽의 주인인 방명으로 하여금 수레를 몰게 하고 한낮의 주인인 창우昌寓를 동승자로 삼고, 춘풍의 주인 장약과 추풍의 주

인 습붕을 앞세우고 황혼의 주인 곤혼昆閽과 어둠의 주인 골계滑稽를 뒤따르게 하여 출발했다. 넓디넓은 양성 벌판에 다다르자 어진 사람이 일곱 명씩이나 있었으면서도 길을 잃었고, 벌판인지라 길을 물어볼 사람도 집도 없었다. 곤란에 처한 황제 일행은 마침 말을 치는 소년이 말 떼를 몰아오고 있어서 그에게 길을 물었다. "너는 구자具茨의 신이 어디 있는지 알고 있느냐?" "그럼요." "너는 대지의 주인 대외의 거소를 알고 있느냐?" "그럼요." 소년의 말에 놀란 황제가 "믿어지지 않는구나, 구자산과 대외의 거소를 알고 있다니, 그렇다면 천하를 어떻게 다스려야 좋은지 가르쳐주련?" "천하를 다스리는 것이 어찌 말을 치는 것과 다르겠습니까? 그저 말에게 해害가 되는 것을 없애줄 뿐 그 다음은 모두 말馬에게 맡깁니다."

여기에서 말하고 있는 황제는 천제天帝를 의인화한 것이며, 전체의 구상은 태양이다. 대외는 산이 우뚝 솟은 모양으로 대지의 신을 의인화한 것이다. 정치는 무위이며 그저 민생에 해를 끼치는 것을 제거하는 정도에서 그쳐야 함을 말하고 있다. 마치 장자 외편 중 〈재유在宥篇〉에 나오는 '독유지인獨有之人'의 비유를 보는 듯하다. 군주는 성과만 가려서 취하고 이들의 재앙을 보지 못했던 춘추시대 군주들의 처신을 두고 요행을 바라지 말 것을 비유하고 있다. 그래서 나라를 다스릴 때는 유유자적하며 대범한 마음을 지녀야 한다는 것으로 치자治者는 백성이 눈치채지 못하게끔 세상에 드러나지 않아야 한다는 점을 은연중 말을 치는 소년의 입으로 하여금 말하고 있다.

그런데, 황제의 여행에 초라하기 그지없는 말을 치는 동자가 등장하고 더욱이 그 동자가 말하기를 "어렸을 적 저는 이 세상을 놀며 돌아다니다가, 여소이자유予少而 自遊."라고 말한 것을 보면, 그 동자는 사실은 어른이다. 이 동자가 바로 대외大隈임을 알 수 있다. 또, 동자를 등장시킨 곳은 내편 중 〈인간세人間世篇〉에 심재우화 즉, 마음으로 소리를 들어야 함을 말하고 있다. 나아가 기氣로 들으라는 이야기라고 볼 수 있다.

노자의 『도덕경道德經』〈제55장〉의 "덕을 두텁게 지닌 사람은 갓난아이에 비유될 수 있다. 함덕지원, 비어적자含德之源 比於赤子."는 말의 근거라고 말해도 될까?

제4장: 유어물지설囿於物之說이다. "지모가 뛰어난 선비는 그 계략을 활용해야 하므로 사변이 없으면 즐거워하지 않고, 변설에 능한 선비는 그 담론을 펼만한 실마리가 없으면 즐거워하지 않으며, 명찰明察한 선비는 법을 어기는 일이 없으면 즐거워하지 않는다. 지모가 뛰어난 자, 변설에 능한 자, 명찰한 자는 모두 물物에 얽매어 있는 있는 자들이다. 지사무사려지변즉불락, 변사무담설지서즉불락, 찰사무릉수지사즉불락, 개유어물자야. 知士無思慮之變則不樂, 辯士無談說之序則不樂, 察士無淩誶之事則不樂, 皆囿於物者也."

매우 뛰어난 재능을 지닌 선비는 조정에 나아가 입신출세하려 하며, 보통 재능을 지닌 선비는 벼슬에 오르는 것을 명예롭게 여기며, 완력이 있는 선비는 주군이 어려움을 겪게 될 때 그 힘을 쏟으며, 용기 있는 선비는 국가의 위난에 떨쳐 일어나며, 병사들은 목숨을 걸고 싸우고자 하며, 자신의 뜻에 생명을 건 선비는 명성을 길이 세상에 남기려

한다. 또한, 법률을 닦은 선비는 국가의 치적이 널리 퍼지게 하며, 예의 가르침을 지키는 선비는 용모와 태도를 바르게 보존하며 예교지사 경용禮敎之士敬容, 인의와 절조를 지키는 선비는 타인과의 신의 있는 교제를 귀하게 여긴다.

요컨대, 부자가 되고 싶은 사람은 돈과 재산이 쌓이지 않으면 걱정을 멈출 수 없고, 다른 사람보다 뛰어나고자 하는 사람은 권위와 세력이 높지 않으면 마음이 짓눌려 견디지 못한다. 이것은 모두 일월이 경과함에 따라 자기 자신을 변화시키는 것으로 물物의 뒤를 쫓는데 신체와 본성을 소진해 버리고, 물物 속에 매몰되어 평생 자신의 본래로 돌아가지 못한 것이다. 역경 「건괘乾卦」에 나오는 '항룡유회亢龍有悔'라는 구절은, "높이 올라간 용은 후회하게 된다."라는 말로 지극히 성하면 쇠하게 마련이다. 라는 뜻이다. 국민으로부터 선출된 정권도 마찬가지다.

서무귀편의 마지막 장인 제13장: 대불혹론大不惑論을 들여다보자.
"세상에는 자신을 훌륭하게 보이려 하는 것에 힘쓰는 자懊姝-훤주-와 남에게 의지하여 마음 편히 있는 것에 힘쓰는 자濡需-수유-와 사람을 억지로 끌어모으는 것에 힘쓰는 자卷婁-권루- 이렇게 세 가지 유형의 사람들이 있다." 훤주에 힘쓰는 자는 선생의 설로서 자신이 훌륭해졌다고 생각하는 부류들이다. 선생의 설을 배우면 어떻게 해서라도 그 설을 좇으며, 게다가 그것을 더없이 잘 이해하고 있는 듯한 낯빛을 하고 홀로 기뻐하는 자이다.

유수에 힘쓰는 자는 돼지에 붙어사는 이蝨같은 존재들이다. 이는 돼지 등의 털이 성긴 곳을 넓은 궁전이나 정원처럼 생각하고, 갈라진 발굽 틈이나 관절 사이의 움푹 팬 곳, 젖통이나 두 가랑이 사이 등을 마음 편히 쉴 수 있는 거처로 생각한다. 막상 백정의 날카로운 칼에 돼지가 죽은 뒤 털을 불에 그슬리면 자기도 죽게 된다는 사실을 잊은 채 국한된 세속의 좁은 구역 안에서 진퇴 하는 자들을 유수에 힘쓰는 무리라고 했다. 속담에 '하루살이는 그믐을 모르고, 쓰르라미는 봄가을을 모른다. 주균부지회삭, 혜고부지춘추朝菌不知晦朔,蟪蛄不知春秋.'라고 했다.

권루에 힘쓰는 자들을 뭐라 하고 있는가? 이들이야말로 세상에서 성인이라 칭송받는 순舜이 바로 좋은 예이다. 양고기는 개미에게 전혀 관심이 없는데도 개미가 양고기에 꾀는 것은 개미로 하여금 모이도록 냄새를 풍기기 때문이다. 턱뼈가 고장 난 개미에게는 '양고기는 먹어보지도 못하고 노린내만 뒤집어썼다. 양육불증취, 공야일신전羊肉不曾吹, 空惹一身膻.'라는 중국 속담이 맞는 경우이다.

순舜에게는 인의仁義라고 하는 냄새나는 행위가 있었기에 백성들이 그 냄새에 끌려 모여들었던 것이다. 그래서 순이 세 번이나 거처를 옮겼으나, 그때마다 사람들이 구름처럼 몰려들어 큰 도시를 이루었다. 등鄧이라는 큰 언덕으로 거처를 옮겼더니, 그를 쫓아 온 가구가 십여만 호나 되었다 하니…. 요堯임금은 그와 같은 순의 어진 소식을 전해 듣고 즉시 등용하여 불모지 개간을 맡겼다. 그때 순은 나이도 들었고 귀도 눈도 힘이 없었으나 돌아가 쉴 수가 없었다. 이같은 경우를 두고 권루卷婁에 힘쓰는 자라 한다.

  이러한 까닭에 신인神人은 많은 사람이 모여드는 것을 싫어한다. 요컨대 안으로 덕을 지니고, 그 조화를 기르고, 매사에 자연스러움에 순응할 뿐이다. 이런 사람을 진인이라 한다. 『장자』 내편 〈대종사편〉의 진인은 마음으로 도를 새기고 인위적으로 하늘의 뜻을 저버리지 않는다. 진인의 마음은 속세를 떠나 도에 머물러 고요함을 유지하며 이마는 넓고 평평하다. "어느 곳에 치우치지 않는 마음은 서늘하기가 가을 하늘 같고 따뜻하기는 봄 햇살과 같다. 고지진인기심지, 기용적, 기상규…. 처연사추, 난연사춘 古之眞人其心志, 其容寂, 其顙頯…. 淒然似秋, 煖然似春." 내편 〈응제왕편〉에서는 "자연의 흐름에 순응하고 사사로움은 버린다."고 말하고 있다.

  옛날에 진인은 하늘의 자연스러움으로써 인사人事에 대응하였고 인사로써 자연스러움을 어지럽히는 짓을 하지 않았다. 이 장 〈대불혹론〉의 첫머리에 나오는 신인, 진인은 사람들을 자기 밑에 모으는 것을 싫어하고 자신의 덕을 조화시켜 자연스러움을 좋는 자임을 말하고 있다.

  오랜 세월 노송 아래 폐사지, 드넓게 펼쳐진 백사장, 깎아지른 절벽 위, 황폐한 묘지 사이를 방랑했던 청나라 때 문인화가이자 시인이었던 정판교(1693~1765)의 시 「난득호도경難得糊塗經」의 일부를 소개함으로 필을 거둔다. 여기에서 '호도경'이란 '바보경'을 일컫는 말이다.

'총명난호도난/유총명전입호도경난/방일착퇴일보부하필안/비도
후래복보야聰明難糊塗難/由聰明轉入糊塗更難/放一着退一步富下必安
/非圖後來福報也-총명하기도 어렵고 어리석기도 어렵네/총명한 사
람이 어리석게 보이는 게 더 어렵지/ 모든 집착 버리고 한 걸음 물러
서서 마음 놓으면 편안해지는 것을/그렇다고 훗날 복 받으려 함이 아
니네-'

32 떠벌리면서 베풀다니?

　『장자』 잡편 중 인명으로 쓴 마지막 편인 〈열어구列御寇篇〉에 이르렀다. 잡편의 서른두 번째 편이기도 하다. 여섯 개의 우화 또는 일화와 몇 개의 논설, 잠언풍의 문장으로 이루어졌다. 이 편의 15장에 장자 자신의 임종의 말을 싣고 있어 장자 전서全書의 마지막 편으로 편집되어 있음을 알 수 있다. 전체 15장 중 제3장: 불언지잠과 제5장:조상·장자대화, 제7장: 천포지잠, 제10장: 정고부지잠, 제15장: 장자임종지언을 살펴봄으로써 외줄 타는 장자를 시야에서 감추려고 한다.

　"도를 아는 것은 쉽다. 그것을 말로 나타내지 않는 것이 어려운 것이다. 알면서도 말하지 않는 것은 천天에 복귀하는 체험이며, 알기가 무섭게 말로 나타내는 것은 세속의 인간들과 어울리는 방법이다. 장자왈, 지도이 물언란, 지이불언 소이지천야. 지이언지, 소이지인야知道易 勿言難, 知而不言, 所以之天也. 知而言之, 所以之人也." 제3장: 불언지잠에 나오는 말이다. 노자 『도덕경』 제56장에 "아는 자는 말하지 않고 말하는 자는 모르는 것이다."고 말했다. 『장자』 외편 중 〈지북유편〉 제1장에 "도를 아는 사람은 말하지 않고 말하는 사람은 도를 알지 못하네."
와 같은 내용이다.

'불언지잠'에서는 알면서도 말하지 않는 것은 천진天眞을 얻는 방법
이라고 말하고 있다. 공자도 『논어』〈양화편〉에 "나는 말이 없고자 한
다."고 하자 자공이 "저희들은 무엇에 기대어 도道를 말하겠습니까?"
공자가 말하길 "사시四時가 갈마들고 만물이 철에 따라 바뀌어 갈 뿐,
하늘이 무슨 말을 하더냐?" 한때, 도어스테핑이라는 형식을 빌려 너무
가볍게 말을 쏟아냄으로 하늘의 도道와는 정반대 방향으로 나라를 몰
아갔던 형국과 비교할 때 쓴웃음이 절로 나온다.

제5장: 조상·장자대화를 들여다보기에 앞서 아첨阿諂에 대해 기술
하고자 한다. 이 장章이 아첨과 매우 깊게 연관되어 있기 때문이다. 아
첨에도 등급이 있다. 아첨은 남의 비위를 맞추어 알랑거리는 행위다.
이솝 우화에서 치즈 조각을 물고 있는 까마귀에게 노래 한 곡조 청하
는 여우는 속셈이 따로 있었기 때문이다. 로마 네로 황제는 폭군으로
알려져 있지만 자칭 시인이자 가수이다. 신하들 앞에서 자작시를 낭
송하자 다들 칭송 일색이었지만 오직 페트로니우스만 평범하다는 평
을 내렸다. 어떤 결점이 있는지 지적해달라는 네로의 요구에 페트로
니우스는 엄숙하게 말했다. "오비디우스나 세르길리우스, 심지어 호
머마저도 그들이 이 시를 썼다면 그러려니 하겠습니다. 하지만 폐하
는 그러실 수 없습니다. 폐하께서는 세상이 이제껏 보지 못한 걸작을
창조할 능력을 가지고 계십니다." 네로가 말한다. "신은 짐에게 뛰어
난 재능을 주시고 또 진정한 비평가 친구도 내려주셨도다."

박정희 대통령이 10월 유신을 단행한 뒤 찬사를 듣고 싶었다. 당시 역사학자로 이름난 모 씨에게 유신이 잘한 일인 거냐고 물었다. "잘못하신 겁니다!"라는 대답이 들려왔다. 긴장한 박 대통령이 왜냐고 물었다. 그가 꾸짖듯이 답했다. "10년 늦었습니다!" '대의大義'를 놓고 보면 충과 간諫의 변별점이 보이는 경우가 많다. 나라와 조직의 붕괴에 결정타를 가한 진짜 간신도 존재하기 마련이다. 나라가 기울 때면 간신이 득세한다. 단말만 뱉는 것이 아니라 개인의 이익을 위해 분열을 일삼는다. 한 마디로 간신은 왕권과 신권의 균형이 깨질 때 나타났다. 간신은 실패한 리더십이자 기생충과 같은 존재이다. 마치 무슨 무슨 핵관이라는 말처럼. 패배자의 다른 이름인 것이다.

　'개원지치開元之治'의 태평성대를 이룬 당 현종의 경우, 한휴韓休 (672~740)같은 명재상을 곁에 두었기에 가능했다. 그는 황제가 조금이라도 엇나간다 싶으면 득달같이 달려와 "아니 되옵니다~"를 외쳤다. 황제의 몸이 바싹바싹 마를 지경이었다. 보다 못한 측근이 "귀찮은 한휴를 몰아내면 좋지 않겠사옵니까?"고 하자 "아닐세, 나는 마르지만 백성은 살찌지 않는가?"라고 했던 당 현종도 양귀비가 추천한 간신 이임보李林甫에 의해 국정 운영의 판단력이 흐려졌다. 이임보는 구밀복검口蜜腹劍이라는 사자성어를 낳은 인물이다. 입에는 꿀을 바른 것 같으나 속에는 칼을 감추고 있다고 했으니…. 결국 안록산의 난과 사사명의 난으로 인해 당 현종의 치세는 빛을 잃고 만다. 한 번은 안록산의 뚱뚱한 배를 보고 현종이 묻길 "대체 그 속에는 무엇이 들어 있느냐?"고 묻자 "네에~폐하를 향한 일편단심이 가득 차 있사옵니다."라고 했던 그가 15만 대군을 이끌고 반란을 일으켰으니….

간신이라고 드러나게 된 데에는 군주의 책임이 크다 하겠다. 유향의
『신서』〈잡사〉에 '섭공자고葉公子高가 용을 좋아해서 온 집안에 용 무
늬를 장식해 놓았는데, 하늘의 용이 그 소문을 듣고 찾아와 보니 섭공
자고가 용을 알아보지 못하고 오히려 놀라 도망쳤다.'는 내용이 있다.
꾸며진 겉모습에만 미혹되어 진정한 인재를 알아보지 못하는 이를 풍
자한 내용이다.

『장자』 잡편으로 되돌아 와서 〈열어구列御寇〉 제5장: 조상·장자대
화 내용이다. 춘추시대 송나라에 조상曹商이란 자가 있었다. 그는 송
왕을 위해 진나라에 사자로 갔다. 그가 송나라를 떠날 때에는 서너 량
의 수레밖에 없었는데 진나라에 가서 진왕에게 잘 보여 무려 백 량輛
의 수레를 받아 돌아가는 길에 장자를 찾아왔다.

"답답한 촌구석에 박혀 궁색을 면치 못하여 겨우 짚신이나 삼아 입
에 풀칠하며 야윌대로 야위어 목뼈가 불거져 나오고 영양실조로 얼
굴이 누렇게 뜨고 계십니다. 그렇지만 만 승乘의 대군주를 깨우쳐 주
고 수레 백 량을 거느리는 신분으로 출세하는 일에는 참으로 저를 따
를 만한 사람이 없습니다."라고 장자를 조롱하듯이 말했다. 장자가 조
용히 말했다. "진나라왕이 병이 나서 의원을 불렀다네. 그리고 등에
난 종기를 터뜨려 고름을 짜내는 자에게는 수레 한 량을, 똥구멍에 치
질이 난 곳을 혀로 핥아 준 자에게는 수레 다섯 량을, 요컨대 치료받
는 부위가 아래로 내려갈수록 수레를 많이 주었다네. 혹시 자네가 진

왕 똥구멍 주위의 피고름 어린 치질을 한 열흘 핥은 것은 아니겠지? 거참! 수레가 많기도 하네 그려. 그만 가보도록 하게. 장자왈, 진왕 유병소의, 파옹궤좌자 득거일승, 지치자 득거오승. 소치유하 득거유다, 자기치기치사. 하득거지다야. 자, 행의. 秦王有病召醫, 破癰潰痤者 得車一乘, 舐痔者 得車五乘, 所治愈下 得車愈多 子豈治其痔邪. 何得車之多也. 子, 行矣." 바로 앞장 대녕지설의 포저·간독과 관계있는 이야기로 식견이 없는 사람들의 지혜는 이런 수준을 결코 넘지 못하기 때문에 힘 있는 자에게 선물을 보내거나 그럴싸하게 편지를 써 보내면 일이 잘 되리라는 망상을 갖게 된다. 바로 이러한 점을 뛰어넘어 장자는 조상을 보기 좋게 비꼬아서 간신姦臣의 참모습을 까발려서 보여준다.

옛말에 '가난하더라도 아첨하지 말고 부요하다고 교만하지 말라. 빈이무첨 부이무교貧而無諂 富而無驕.'고 했다. 나라를 다스릴 때에도 겸손하고 낮은 자세로 마치 '생선을 구울 때 비늘 하나 상하지 않게 조심스럽게 구우라. 치대국약팽소선治大國若烹小鮮.'라고도 했다.

제7장: 천포지잠天布之箴에 앞서 제10장: 정고부지잠正考父之箴에 나온 내용이다. 필자의 글 스무 번째에도 기술한 내용이다. 윗자리에 오를수록 가져야 할 몸가짐이다. "정고부는 한 번 명을 받아 사에 임명되자 몸을 숙이고 걸었고, 다시 명을 받아 대부大夫가 되자 허리를 굽히고 걸었으며, 세 번째 명을 받아 경이 되자 몸이 완전히 땅에 닿을 정도로 구부리고 걸었다. 또 길을 갈 때에는 수레를 담 옆에 바짝 대어 몰았다. 이러한 공건함을 지니고 있음에 어느 누가 본받고 따르려 하지 않겠는가? 요즘 세상 사람들은 한 번 명을 받아 사에 임명되

면 온갖 거만을 떨고, 다시 명을 받아 대부가 되면 수레 위에 올라가 뛸 듯이 기뻐하며, 세 번째 명을 받아 경敬이 되는 날에 동족同族의 아저씨들에게 존댓말을 쓰지 않는다. 이렇게 온갖 교만 방자함을 떨면서 어찌 요임금 성덕이나 허유許由의 청절함에 합치하려 하는가?"

중국 속담에 '벼슬 사는 사람은 상서尙書를 바라고, 아전은 우두머리를 바란다. 관도상서 이도도官到尙書 吏到都.'라는 말이 있다. 인간의 욕망을 단적으로 보여주는 말이겠다. 정고부는 춘추시대 송나라의 공족으로 공자의 10대 선조라 한다. '솥에 죽을 끓여 간신히 입에 풀칠하는 것으로 만족하며 결코 그 이상의 것을 바라지 않았다.'고 전해진다. 이상의 정고부지잠을 통해 "벼는 익을수록 고개를 숙인다."라는 교훈을 다시금 일깨워 주고 있다.

제7장: 천포지잠의 내용을 보자. 베풂이 순수해야 할 것과 말에 앞서 실천에 옮길 것을 말하고 있다. "다른 사람에게 은혜 베푼 것을 언제까지고 잊지 않으면서 보은을 바라는 것은 하늘의 은혜가 아니다. 장사치조차도 그런 사람은 인간으로 취급하지 않으려 한다. 시어인이 불망 비천포야. 상고불치.施於人而不忘 非天布也. 商賈不齒." 여기서의 포布는 베풀라는 의미로 썼다. 노자도 『도덕경』 제2장에 "도는 천지만물을 낳으면서도 한 마디 말도 않는다. 또 그것들을 자신의 소유로 하지 않는다."고 했다.

"성인도 큰 작용을 하면서도 그 공을 뽐내지 않는다."라고 했을 뿐만 아니라, 『예기』에도 "군자가 다른 말로써 남에게 정성을 다하지 않으니 거칠어지나, 천하에 도가 있으면 행동이 세밀해지고, 천하에 도가 없으면 말이 세밀해지는 것이다."라고 밝히고 있다. 성경 마태복음 5:42에도 "네게 구하는 자에게 주며, 네게 꾸고자 하는 자에게 거져 주라."고 말하고 있다. 도덕적 행위는 어디까지나 도덕을 위한 것, 즉 자신의 자연스런 행동이 아니면 안 된다. 다른 사람에게 베풀고 도와주는 것이 베풂이 아니면 안 된다는 명언이다. 성경 마태복음 6:3에 "너희 오른손이 하는 것을 왼손이 모르게 하라."

마침내, 외줄 타는 장자에게서 시선을 거둘 때가 되었다. 제15장: 장자 임종지언에 이르른 것이다.

"장자가 위독해졌다. 제자들은 그의 장례를 성대히 치르고자 했다. 이 사실을 알게 된 장자가 말했다. '나는 천지를 나의 관곽棺槨으로, 해와 달을 연벽으로, 하늘에 흩어져 있는 별들을 함옥含玉으로, 이 세상의 만물을 저승길의 선물로 삼으련다. 이쯤이면 장례 도구는 완전히 갖추어진 게 아니겠느냐?' 한 제자가 대답했다. '저희들은 까마귀와 솔개에게 선생님의 유해가 먹히게 될까 걱정입니다.' 장자가 말했다. '위에 있으면 까마귀와 솔개에게 먹히고 아래 있으면 개미와 땅강아지에게 먹힐 것이다. 그렇다면 저쪽에서 빼앗아다 이쪽에만 주는 것과 같다. 어찌 불공평하지 않겠느냐? 인지人知로써 공평명백함을 얻으려는 자는 물物의 하인이 될 뿐이며, 정신이야말로 물物을 공평명백하게 할 수 있다. 세상의 어리석은 자들은 독단적으로 생각하는 것을 믿고 더욱더 인위의 거짓을 더한다. 그가 하는 짓은 자기 본디의 것이 아니라 외물을 위해 부림을 당하는 것이다. 어찌 슬프지 아니한가? 이우자시기소견입어인 기공외야. 불역비호? 而愚者 恃其所見入於人 其功外

也. 不亦悲乎?"

이상의 '장자 임종지언'은 장자가 자신의 죽음에 이르러 만물일체의 대자연에 귀의歸依하고 무사공명하게 생을 마감하려는 심정을 피력하고 있다. 장대하고 광채가 나며 기경奇警함 마저 지니고 있어 더없이 흥미롭지만 과연 장자의 일생의 진수를 생생하게 묘사했다고 할 수 있을까? 장자 임종의 말이라기보다 분명 후세 사람들에 의해 가필된 것이리라.

우리나라 고려 후기 국사였던 충지冲止(1226~1293) 대선사의 칠언절구 「거산시居山詩」이다.

'날마다 산을 봐도 또 보고 싶고/물소리 늘 들어도 싫증나잖네/저절로 귀와 눈 맑게 트이니/소리와 빛깔 속에 마음을 기르노라. 일일간산간부족/시시청수청무염/자연이목개청쾌/성색중간호양념-日日看山看不足/時時聽水聽無厭/自然耳目皆清快/聲色中間好養恬-.'

"이 땅에서의 이름이란 실제 껍데기이나니, 내가 과연 껍데기 노릇을 할 것인가? 오장위명호, 명자실지빈야. 오장위빈야?吾將爲名乎 名者實之賓也 吾將爲賓也?"

192